Un cacahuete flotando en una piscina... ¿sigue siendo un fruto seco?

Luis Piedrahita

punto de lectura

Luis Piedrahita (A Coruña, 1977), guionista, escritor y humorista, empezó escribiendo teatro, donde, en colaboración, estrenó las obras *5hombres.com, 5mujeres.com, La vida según San Francisco* y *Entre fuerte y flojo*. En televisión ha sido guionista de *El club de la comedia* y del programa de *Cruz y Raya*. También ha colaborado en *El hormiguero* y, en las dos últimas temporadas del programa de magia *Nada x aquí*, trabajó como director y guionista. Asimismo, continúa participando en el programa de radio *No somos nadie*. Hasta la fecha, ha publicado los libros *Un cacahuete flotando en una piscina… ¿sigue siendo un fruto seco?* (2005) y *¿Cada cuánto hay que echar a lavar un pijama?* (2006).

Monólogos

del rey de las cosas pequeñas

Un cacahuete flotando en una piscina... ¿sigue siendo un fruto seco?

Luis Piedrahita

Título: Un cacahuete flotando en una piscina... ¿sigue siendo un fruto seco?
Monólogos del rey de las cosas pequeñas

Torrelaguna, 60. 28043 Madrid (España) www.puntodelectura.com

ISBN: 978-84-663-2236-2
Depósito legal: B-5.115-2009
Impreso en España - Printed in Spain

Fotografía de portada: Pedro Menéndez de la Cuesta Quejido

Primera edición: octubre 2008
Segunda edición: enero 2009

Impreso por Litografía Rosés, S.A.

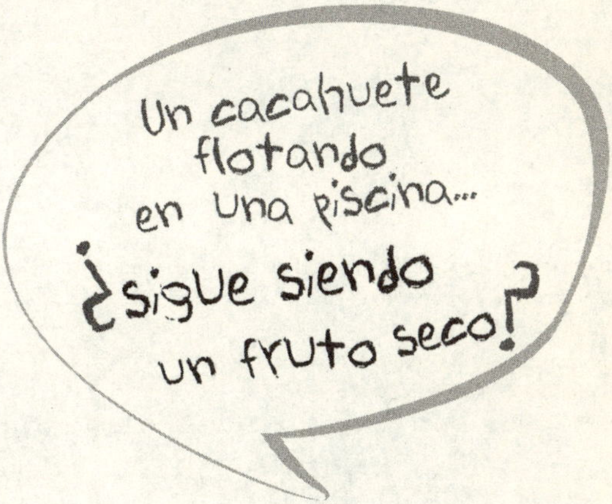
Un cacahuete
flotando
en una piscina...
¿sigue siendo
un fruto seco?

Índice

Prólogo

El hombre que sonríe con las gafas

Hay personas que llevan la alegría donde van y otras que dejan alegría cuando se van. Luis Piedrahita es de los primeros. La primera vez que lo vi pensé que iba disfrazado de Austin Power. Pero me enseñó una foto y enseguida comprobé que, de recién nacido, ya tenía esa fregona en la cabeza y esas gafas que parecen dos peceras donde nadan los dos pezqueñines con los que observa el mundo con asombro.

Así como hay gente que es cómica sin querer (mi abuelo, por ejemplo, decía que él no cogía nunca el teléfono porque la última vez que lo hizo lo mandaron a la guerra), hay otros que lo son porque no les queda otro remedio. Luis Piedrahita es humorista porque lo lleva en los genes. Tiene todo el día despierto ese rinconcito juguetón del cerebro que hace que la vida sea más divertida. A veces, cuando piensa mucho rato en cómo rematar un párrafo de sus monólogos con un buen chiste y no le sale, se recoge todo el flequillo hacia atrás con las manos y, sólo entonces, te das cuenta de su gran secreto… Luis Piedrahita es calvo. En realidad, todo el pelo que tiene le sale de la nuca, lo que pasa es que él se lo reparte muy bien. Y ésa es otra de sus características. Piedrahita lo hace todo bien: persigue sus sueños con amor, tiene elegancia, ingenio y dignidad. Es igual de feliz en el escenario que en la vida; en fin, es tan listo que estoy seguro de que, si quisiera, podría aprender alemán en una semana.

Pero hay más: ¡encima, el tío tiene un mundo privado enorme! Por ejemplo, muy poca gente sabe que él fue el inventor de la albóndiga con cuernos de cabra. Y no sólo eso: también es mago compulsivo. Practica a todas horas; en su casa hay barajas de cartas por todas partes, incluso en el váter tiene dos. Si queréis una imagen íntima de Piedrahita, pensad en él sentado en la taza, con los calzoncillos arrugados en el suelo, haciendo desaparecer cartas. Tengo entendido que una vez, por error, se limpió el culo con un as de picas. Lo peor fue cuando, en público, apareció el trocito de papel higiénico dentro de la baraja.

Recuerdo perfectamente el día en que se presentó al concurso de monólogos de *El club de la comedia* (en aquel momento, yo era el coordinador de guiones). Cuando leí su texto por primera vez, me pareció que aquello, dentro de nuestro estilo, pegaba menos que una Coca-Cola en la Última Cena. Pero tenía algo especial, era diferente... El tema era muy valiente: «los bombones». Para que os hagáis una idea, técnicamente presentarse al concurso de *El club de la comedia* con ese tema te da las mismas posibilidades de ganar que si te metes en medio de un grupo de diez *skin heads* y les haces un corte de mangas.

Pero, de pronto, apareció él, encorvado, con los pantalones medio rotos, los cordones de las zapatillas desatados y un suéter marinero de rayas con el que parecía una mezcla entre Cantinflas y el hermano secreto de Woody Allen. La verdad es que ahí ya me empezó a caer bien. Pero había que verlo en el escenario...

Y llegó el momento. Una mañana, a eso de las once, Luis Piedrahita subió a hacer su texto en un ensayo para las cámaras, sin público... Y arrasó. ¿Se puede arrasar sin público? Sí, yo lo he visto. Si no hay gente, a Luis le aplauden las butacas, porque crea un clima mágico cuando habla y despide unas chispitas verdes, casi visibles, que van contagiando como un virus bueno todo lo que tocan.

En fin, resulta difícil hablar de alguien a quien quieres sin ser empalagoso. Terminaré diciendo que Luis Piedrahita y yo hemos trabajado juntos desde que nos conocimos y no lo he visto nunca enfadado. Queridos lectores, bienvenidos al primer libro del hombre que nos recuerda que la vida entera está hecha de pequeños detalles. Si es un hecho innegable que los mejores cómicos son los que sacan las ideas del corazón y del alma, pasa la página y compruébalo.

PABLO MOTOS

I
Cosas de los humanos...

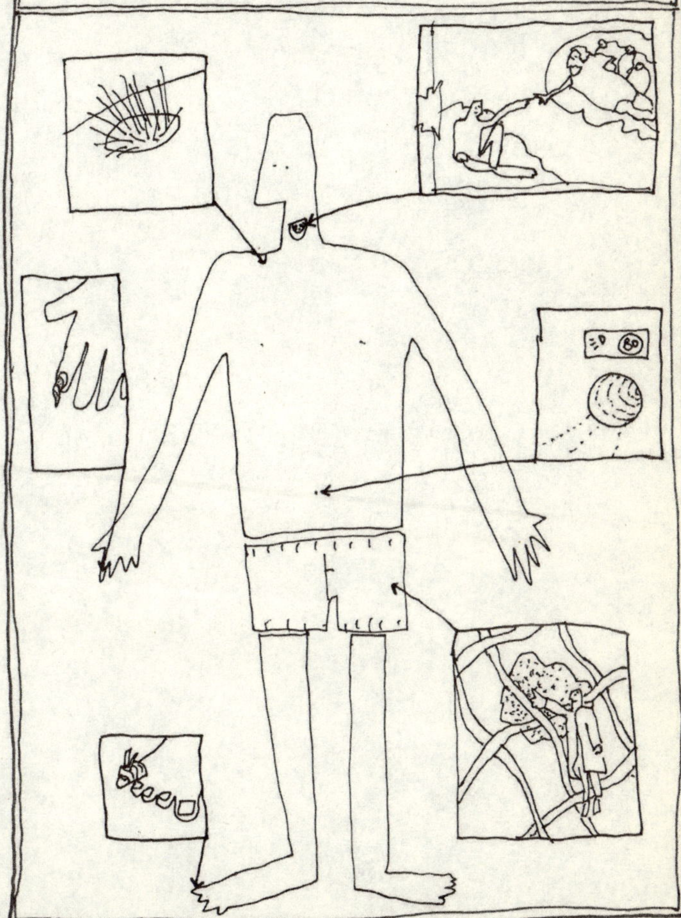

Los ombligos

¿Por qué silban las barrigas?

Hay una parte del cuerpo que se está poniendo de moda: los ombligos. Tan de moda están que, hoy en día, casi todo el mundo tiene uno. Se dividen en dos modelos: el ombligo para adentro y el ombligo para afuera.

Hay ombligos para adentro normales, de una profundidad moderada... y luego están los «ombligos pozo», esos ombligos de padre, que dices: «Jo, papá, qué ombligo tan profundo». Y se oye: «... undo, ... undo, ... undo». Son ombligos abisales: los miras y dices: «Ahí cabe una barra de pan». Yo me acuerdo de que veía a mi padre tomando el sol y pensaba: «La parte de adentro no se le está poniendo morena».

Luego está la gente de ombligo para afuera. Hay gente que tiene un nivel de respingue fuera de lo normal, un nueve en la escala Richter de respingues. Cuando toman el sol, tienen que ponerse una visera en el ombligo; si no, se les despelleja.

Y luego está el ombligo que no es ni para adentro ni para afuera, el ombligo raso, el que sale en la tele. Yo lo llamo «el ombligo por ciento». ¿No os habéis fijado en que ahora, en todos los anuncios de cosas dietéticas, sale un ombligo con el símbolo «%»? Y todo es «ombligo %

materia grasa». La Casera Light, Cerveza Sin, Vitalínea... Todos son «ombligo %», porque el ombligo parece un cerito. ¡Por Dios, que los fabricantes de papel higiénico no copien la idea! ¿Os imagináis el «ano % de celulosa»?

A las embarazadas les pasa una cosa muy curiosa: se les dispara el ombligo y se queda para afuera, como si fuera un tapón de suavizante. Parece que, si lo desenroscas, el niño va a asomar la cabeza: «Hola, ¿qué tal? No ha hecho falta cesárea».

Al nacer un bebé es cuando se le hace el ombligo. Se le corta el cordón umbilical y el niño pasa de ser con cable a ser inalámbrico. Pasa de fijo a móvil. Y ahí se forma el ombligo, que se lo hace la comadrona. Claro, con ese nombre tan feo, cómo le va a salir un ombligo bonito. Pero ella no tiene la culpa, hace lo que puede, lo que pasa es que por muy bien que lo hagas, un zurcido ahí... se ve.

La culpa es de Dios, que es un prisas. Si el ombligo va a ser un zurcido... no lo pongas ahí, que se ve. «Yo hago el mundo en siete días, yo hago el mundo en siete días...». Ya, pero mira los acabados. El ombligo lo pones debajo del sobaco, no se ve, y no haces mal a nadie. O a un lado de la pierna, como si fuera un bolsillo. Si lo haces con forma de funda para el móvil, perfecto, ni siquiera habría que llevarlos colgados del cuello.

¿Qué se hace con los cordones umbilicales? ¿Los tiran? Vamos a ver... mide casi un metro, ¡no lo tires! Eso se puede aprovechar para, no sé, espumillón para los árboles de Navidad, cuerdas para tender la ropa, el cinto para llevar el móvil colgado del cuello...

Tengo otra duda, ¿cuáles son la pautas de la higiene del ombligo? Porque hay gente a la que le salen unas bolitas muy desagradables. En ombligos como el de Torrente han llegado a formarse balones de fútbol. ¿Cómo es su limpieza y mantenimiento? Yo he probado con un bastoncillo de los oídos y es demasiado pequeño. Y con la escobilla del váter, y es demasiado grande. He probado muchas cosas, y lo mejor es pasarle un trapito húmedo. Y la gente que tiene piercing, le pasa el algodón mágico y ya está.

No hay que andarse con más miramientos, que luego dicen que nos miramos el ombligo. ¡Pues claro que nos lo miramos! Si lo tenemos así de bonito, ¿por qué no lo vamos a mirar?

Los golpes tontos

El final de nuestra especie

Lo más seguro es que los golpes tontos lleven a la extinción de la raza humana.

Por ejemplo, estás en la cocina buscando una cacerola, abres un armarito, y no está. Pero la puerta del armarito se queda abierta... Te agachas, abres uno de los armarios de abajo, coges la cacerola, te levantas, y ¡zas! Notas que la esquina te pela el cuero cabelludo. Notas cómo se te clava en el cerebro. Si hay alguien cerca, también lo nota. Los que te están mirando cierran los ojitos:

—¡Ay, ay, ay, ay!

—¡Joder! ¡Que me he dado yo! No me quitéis protagonismo.

Los ecologistas dicen que nos estamos cargando el planeta. Puede ser, pero ni punto de comparación con lo que le estamos haciendo a nuestro cuerpo. El «efecto invernadero» puede ser preocupante, sobre todo en Almería. El agujero de ozono, con no asomarse... Pero nosotros vamos a extinguirnos antes de que se recaliente el planeta.

Nos damos golpes tontos en todo el cuerpo, no sólo en la cabeza.

Vamos a empezar por abajo.

¿Quién no se ha levantado alguna vez, en medio de la noche, a coger un vaso de agua? Está todo oscuro, vas descalzo… y le pegas un patadón a la pata de la mesa con la punta del meñique. Quieres morir. Además, le damos con el meñique. Tenemos cinco dedos para elegir, y escogemos el meñique, el exterior del pie, como Ronaldo.

Como es de noche, no puedes gritar, así que pones caras. Sabes que tienes treinta segundos de dolor intenso que no te los quita nadie. No es como lo del armarito de la cocina que, como hay gente delante, a ti te toca menos dolor. Aquí es todo el dolor para ti solito, no hay nadie. Te tiras al suelo, te agarras el pie, bailas… Dices: «Ya que nadie me ve, al menos voy a hacer un poco el gilipollas».

Hay golpes más arriba. Todos conocemos esos pivotes o bolardos de hierro que hay por las aceras. Y todos conocemos una parte de cuerpo que se dobla, llamada «rodilla». No digo más. Lo peor de este golpe es que ocurre en plena calle, delante de unas trescientas personas, y hay que disimular, actuar como si no hubiera pasado nada. Sigues andando, cojeando y queriendo morir, pero con cara de «lo hago siempre; cuando paso por aquí, me gusta darme un golpecillo en la rodilla…».

Es un golpe terrible, tiene lo peor del golpe en la cabeza y lo peor del golpe en el meñique. Como finges que no ha pasado nada, te comes tú todo el dolor, no lo repartes… y como hay gente delante, no puedes tirarte al suelo, bailar y hacer el gilipollas.

Pie, rodilla… sigamos subiendo. ¿Quién no se ha dejado caer alguna vez sobre un mullido sofá… pero sin hacer bien el cálculo? Donde crees que te vas a encontrar blando cojín, hay duro apoyabrazos. Es una impresión.

Como cuando te vas a sentar en el váter, no está la tapa, y crees que te cuelas. Sólo que, con lo del váter, lo único que haces es retrasar unos instantes la deposición, mientras que con lo del sillón te levantas a toda velocidad cagándote en todo.

Ya estamos casi magullados: pies, rodillas, culo… Sigamos subiendo: la espalda. ¿Quién no ha ido alguna vez a una piscina y le han dicho: «A que no das una voltereta en el aire»? Normalmente, toda frase que empiece por «A que no…» tiene un amargo desenlace. En el caso de la piscina, hay que reconocer que el sonido es espectacular. Y el color, porque sales del agua rosita, rosita, como si fueras un Frigo Pie. Pero eso sí, disimulando, como cuando el bolardo. En plan: «Estoy estupendamente. Me van a tener que hacer un trasplante de piel y seguramente tenga algún órgano reventado… Por lo demás, estoy estupendamente».

Más arriba está el codo. Cuando apoyas mal el codo, o te das contra la punta de una mesa, duele de una manera muy rara. Da como calambre, como si tuviera electricidad. A lo mejor, si tuviéramos los agujeros de la nariz en los codos, podríamos enchufar cosas.

Otra manera de automutilarnos es comer pizza de microondas. La acabas de sacar del horno, echa humo, sabes que te vas a quemar, pero es inevitable: siempre nos quemamos con el primer mordisco de la pizza de microondas. Y no es una quemadura de «huy, me quemo», y ya está. No, la pizza de microondas te derrite el paladar, te lo despelleja.

Al final, te has destrozado la cabeza, el pie, la rodilla, el culo, la espalda, el codo y el paladar. Sólo te queda medio sana la lengua, pero un día te la muerdes. Estás comiendo tranquilamente, y de repente, ¡ñaca!, y notas cómo te late.

Y lo que más me indigna es que parece que al ser humano no le basta, y se ha inventado los «falsos golpes tontos», como el tipo que resbala con una cáscara de plátano. ¡Eso no ha ocurrido jamás!

Las armas

Y ellas lo desarman todo

Las armas definen perfectamente en qué punto se encuentra la inteligencia humana.

Somos suficientemente inteligentes como para fabricar armas… pero no tanto como para no usarlas.

La capacidad de fabricar armas es precisamente lo que diferencia al hombre de los animales salvajes. Aunque la verdad es que esta frase es un poco tramposa, porque vale para cualquier cosa. Ves un documental sobre la risa, y dice: «La capacidad de reír es lo único que diferencia al hombre del resto de los animales»; y te dices: «Pues es cierto».

Pero, en realidad, así ocurre con todos los documentales: «La capacidad de freír patatas con aceite de oliva virgen es lo que diferencia al ser humano del resto de los animales…». «Fabricar bombillas con filamento de tungsteno es lo que diferencia al ser humano del resto de los animales…». Y piensas: «Menos mal que fabricamos bombillas con filamento de tungsteno, que si no…».

¿Qué hubiera pasado si el hombre no hubiera inventado las armas? Pues nada, porque no las inventó el hombre, las inventó Dios. Estaban Adán y Eva en el Paraíso, sin inventar armas ni nada, comiendo manzanas, por hacer algo original, y va Dios y manda un ángel con una espada de fuego. Los pobres Adán y Eva no tenían ni idea de lo que era aquello.

—¿Qué es eso, Eva?

—Es un arma.

—Ya, pero ¿es un arma blanca o un arma de fuego?

Y, claro, Adán y Eva, que querían ser como Dios, empezaron a hacer armas…

Las primeras armas que inventaron eran muy burdas. Y, claro, costaba mucho matarse. Al final lo conseguían, pero las guerras duraban una barbaridad: la guerra de los Cien Años:

—Mamá, que me voy a la guerra de los Cien Años…

—Vale, pero si vas a tardar más, llama; que si no, ya sabes que no me duermo tranquila.

Eso, si tu familia era benevolente, porque en otras casas pasaba esto:

—Mamá, que me voy a la guerra de los Cien Años.

—¿Cien años? De eso nada. ¡Tú, a los noventa, en casa!

—Jo… ¡A todos mis amigos les dejan hasta los cien…!

Para estos casos, las madres tienen un argumento que les encanta:

—¿Qué pasa? ¿Que si todos tus amigos se tiran por un barranco, tú también te tiras?

Yo creo que ese argumento ya no debería valer.

Cien años de guerra era un problema, sobre todo si ibas a comprar la armadura con tu madre:

—Mamá, que esta armadura me está grande.

—Da igual, ya la irás llenando. Así te vale para el año que viene.

Pero, claro, ¡eran cien años! El tiempo iba pasando… los niños iban dando el estirón… las madres tenían que bajar los dobladillos a las armaduras, soldarles rodilleras… Porque los niños iban a la guerra y no sabían estarse quietos… tenían que andar tirándose por el suelo y arrastrándose por todas partes.

En aquella época, las armas eran casi todas de pinchar: espadas, sables, puñales… Y, claro, los seres humanos, cuando mataban a un semejante, lo tenían delante. Le miraban a los ojos y no podían evitar dentro de su corazón un sentimiento raro que no les gustaba.

Entonces, los seres humanos, que cada vez eran más inteligentes, inventaron unas cosas para matar desde lejos: los cañones. Y luego salió la versión de bolsillo, las pistolas.

Las lanzas, las bolas de cañón, las pistolas… No son malos inventos, el problema es que no los usamos con inteligencia. Si os fijáis, las lanzas, las bolas de hierro, las mazas o las pistolas se utilizan en las Olimpiadas y no le hacen mal a nadie. El problema es cuando se utiliza eso con mala leche.

Por ejemplo, el silenciador de una pistola, ese cilindro que se enrosca en el cañón para que no se oiga el disparo. Eso sólo sirve para hacer el mal. En cuanto un señor comprara un silenciador, debería venir la policía y meterlo en la cárcel.

—No, yo es que tengo el arma para defenderme…

—Ya. ¿Y el silenciador?

—El silenciador es por si me atracan por la noche… para defenderme sin despertar a los vecinos.

No cuela.

El hombre sigue haciéndose inteligente y todavía no se ha dado cuenta de que todo lo que ha intentado solucionar con armas… no queda solucionado del todo. Queda… así, así.

Las armas no consiguen del todo lo que se proponen.

A mí se me ha ocurrido una manera devastadora de paralizar un país, sin armas ni nada: recibir en el móvil un mensaje que diga: «Me apetece hacer el amor contigo». Eso es demoledor, uno lo recibe y da igual lo que esté haciendo… lo deja.

—Oiga, señor cirujano, no se vaya… que me ha dejado el pecho sin coser…

—Lo siento, tengo que irme, es un asunto urgente.

Hacedlo, y mañana me contáis.

Los cepillos de dientes

Aplacan la placa

Reconozcamos que la ciencia se está esforzando con los cepillos de dientes. De hecho, yo creo que se están pasando. Ahora mismo, el presupuesto de Defensa de un país ya es menor que el destinado a la investigación en cepillos de dientes.

No hay más que ver los anuncios de la tele: parece que los cepillos de dientes los diseña la NASA: cabezal flexible, mango ergonómico antideslizante, monofilamentos semiblandos con las puntas redondeadas y cerdas cruzadas bicolor... Y eso, ¿el diente lo nota? ¡Cuesta doce euros en una farmacia! ¿Percibirá el diente si la cerda es bicolor?

En el anuncio te ponen un primerísimo primer plano de cómo se quedan los dientes si no los limpias con las cerdas cruzadas, y parece que te queda la boca llena de escombros. ¿Qué comen los señores cuyas bocas salen en estos anuncios? ¿Comen tierra? Parece que esa boca ha estado comiendo barro toda la vida. A una persona que le va tan mal como para comer tierra yo no le recomendaría que se gastara doce euros en un cepillo de dientes.

Total, cuando vas a casa de un amigo te lo olvidas y te lavas los dientes con el dedo. Eso sí, te lavas los dientes como si no pasara nada. Sólo el detalle de que no tienes cepillo. Te echas la pasta en el dedo, te enjuagas, escupes... Igual. La única diferencia respecto a lavarse con el cepillo es que con el dedo no dejas el espejo como si lo hubieran pintado al gotelé.

Es inevitable: aunque metas la cabeza dentro del lavabo, luego miras al espejo y parece la Vía Láctea. ¿Os imagináis cómo tiene que estar el espejo del Cuñao? ¿Y cómo será el cepillo de dientes del Cuñao? ¿Tendrá cabezal flexible? Yo creo que el Cuñao es de esas personas que prefieren el hilo dental.

Entre los jóvenes no se usa mucho el hilo dental. Yo he visto chicas que lo usan como lencería, pero nada más.

Los cepillos son importantes porque te marcan la vida. Cuando era pequeño, mi hermana tenía un cepillo rosa de *Hello Kitty*. A mí eso me marcó. ¿Qué coño es *Hello Kitty*? ¿Cómo se gana la vida? Porque Snoopy, al menos, es un perro que dice cosas ingeniosas, pero ¿*Hello Kitty*? Se lo curra muy poco, ¿no?

El cepillo que más marca tu vida es uno que, de repente, brota en tu casa al lado del tuyo. Vives en tu casita, solito y feliz. Y un día tu novia, ¡plin!, planta su cepillo de dientes al lado del tuyo. Ese gesto es como decir: «He venido para quedarme», «He colonizado este sitio». Si el primero en pisar la luna hubiera sido una mujer, no habría clavado una bandera: habría clavado un cepillo de dientes.

Los cepillos de dientes no sirven sólo para lavarse los dientes. Las madres los usan para limpiar las cosas de plata. Y como te confundas, vas con todos los empastes relucientes. Eso es malo si vas conduciendo de noche, bostezas, deslumbras a uno que viene de frente, y te pegas un castañazo.

Ahora los cepillos llevan casco. Hay dos tipos de funda: una es tipo armarito, con una puertecita; y la otra es transparente. Cuando abro un cepillo nuevo, digo: «Ésta no la pierdo». Pero nada, es igual que cuando dices: «Este año voy a estudiar un poco cada día para que luego no me pille el toro». Son frases que son mentira.

En el mundo de la higiene dental hay mucha mentira, igual que en la vida real. Y si la vida un día se acaba, los cepillos de dientes también mueren. Cuando nacen, tienen el pelo como Bart Simpson y, cuando mueren, tienen el pelo de Bart Simpson cuando va a misa. Todo para abajo, como Loquillo saliendo de la ducha. Y es muy triste.

Siempre que muere un cepillo de dientes, algo se muere dentro de mí. Algo se va y no vuelve, creo que son los doce euros.

Los tatuajes

Poner una pegatina al coche de tu alma no tiene perdón de Dios

El tatuaje es como el matrimonio: sólo puede ir a peor.

Igual que el matrimonio. Cuando te lo pones, duele y cuesta dinero. Y cuando te lo quieres quitar, duele todavía más, y cuesta todavía más dinero.

La única diferencia es que lo uno te lo hace un pobre hombre que tiene que ganarse así la vida, y lo otro te lo hace un tatuador serio y respetable.

Porque, gracias a Dios, los hombres del tatuaje son grandes profesionales que no quieren que la gente se lleve desengaños... Por eso ponen fotos disuasorias en la puerta. Fotos horribles de una espalda tatuada, como con pelos; un brazo tatuado, como con pelos; o un culo muy desagradable, de legionario... como con pelos.

Son del mismo fotógrafo que hace las fotos que hay en los restaurantes de verano para ilustrar los platos combinados, los huevos estrellados, los bocadillos de calamares... como con pelos. También son fotos disuasorias, para que te hagas el tatuaje o te pidas el bocata sólo si estás muy convencido.

Una tienda de tatuajes es un taller de chapa y pintura para seres humanos. En la puerta pone «Piercing rastatoo», y allí te ponen anillos, tienen para hacer rastas, tatuajes... y como no tienen muestrario, el dueño de la tienda se lo ha hecho todo. Él es un muestrario viviente.

Lo que más pena da es que por muy bueno que sea el tatuador, los dibujos nunca quedan bien. A lo mejor se hace una tortuga ninja... y no le queda igual. Es como una versión... como esas tortugas ninjas que hay dibujadas en el tren de la bruja, que son... pero no son. ¡Y lo duro es que el tatuado tiene que ir con la seudotortuga ninja ahí para siempre!

Hay que saber escoger qué te tatúas. Muchos se ponen con alegría una letra china, y a saber qué querrá decir. El tatuador te dice: «Esto quiere decir "amanecer"». Ya, eso dice él. Pero a lo mejor dice: «Tengo las tripas de hule, pero si te preguntan dime que pone amanecer». Y tú tan contento, pensando en lo majos que son los chinos, que cada vez que te ven, se sonríen.

Se ha puesto de moda el tatuaje de la enredadera en el brazo. Y, afortunadamente, los tatuajes no pueden quitarse, porque si no, en los gimnasios se oiría: «Disculpe, creo que esa enredadera es mía...». El problema, sobre todo, vendría cuando un gordo se pusiera el tatuaje de un flaco, porque le quedaría estirado, tirante, y si el flaco llevaba una sirena, el gordo luciría un rodaballo. Y si llevaba tatuada a Terelu, le aparecería María Teresa Campos.

A pesar de todo, yo, el otro día, me hice un tatuaje. Algo discreto, bonito y original. Me tatué el techo de la Capilla Sixtina en el paladar. Y ya tengo ganas de ir al dentista y ver la cara que pone cuando meta el espejito.

Las pecas

Humanos moteados

Te encuentras un dálmata por la calle y no sabes lo que es. Dices: «Mira, un dado con forma de perro». Y resulta que no... ¡es un perro con pecas!

Eso sucede porque sabemos muy poco sobre las pecas.

Los científicos argumentan que las pecas son una acumulación de pigmento de melanina en la piel. Puede que sí, pero puede que no. Las patatas fritas, si están hechas con el mismo aceite que las croquetas, también tienen pecas, y ahí no hay pigmentos, ni melanina ni nada.

Lo de la melanina es para despistar, porque, por esa regla de tres, los negros tendrían que tener pecas blancas y eso sería muy raro. ¿Os los imagináis, salpicaditos de puntitos blancos? Sería como si alguien se hubiera lavado los dientes muy cerca de su cara.

Lo cierto es que las pecas de las personas de color son eso que tiene Morgan Freeman en las mejillas y que parecen «chococrispis». ¿Eso son pecas o lunares?

Es que hay que hacer una distinción: la peca es esa exquisita lentejuela de chocolate que tenía Marilyn, o Cindy Crawford. El lunar es más bien lo que tiene Mister Bean. Es como un Lacasito, sólo que en lugar de estar hecho de chocolate, está hecho de abono para pelos. Porque es bien sabido que todo aquel pelo que nace al abrigo de un lunar se desarrolla tres veces más grande y robusto que sus compañeros. Deberían hacer los crecepelos a base de zumo de lunar. Con ese crecepelo te saldría una mata de pelo que ni El Puma.

Hecha ya la diferencia entre peca y lunar, distingamos los distintos tipos de pecas. Hay dos clases, básicamente. Está la pequita negra, tipo cagarruta de mosca, que sale en la espalda. Hay quien tiene tantas que está a tres pecas de ser negro. Y luego está la peca naranja, que les sale a los pelirrojos. Hay quien tiene tantas que está a tres pecas de ser *Naranjito*.

Yo tengo muchas pecas, parezco un dibujo de revista de pasatiempos para unir los puntos. Si los unes, sale un pato en un estanque. Yo puedo tener diez mil pecas, más o menos, sin exagerar. Exagerando, podré tener unas cien mil millones. Por ello, mis preocupados padres me llevaron al médico.

El doctor dijo dos cosas. La primera: «¡Huy, cuántas pecas!». La segunda: «No pasa nada, pero debes tenerlas vigiladas. Controlar que ninguna se mueva, que no cambie de color…». ¡Son diez mil! Voy a tener que contratar gente.

Yo he aprendido a vivir con pecas. Es como estar estampado, y formar parte de un club al que sólo podemos pertenecer unos pocos: los dálmatas, los pumas, las sillas apolilladas, las fichas de dominó, los espejos del cuarto de baño después de que un tío se haya lavado los dientes…

Somos el Club de la Gente con Peca.

Afíliate.

Los increíbles hombres menguantes

Quienes, gracias a su diminuto tamaño, pueden meterse dentro de las fibras y explicarnos por qué funcionan los detergentes

Sabemos muy poco acerca de los señores que pueden hacerse pequeños y meterse dentro de las fibras de la ropa para explicarnos por qué funcionan los detergentes. Son como superhéroes. De pronto, hay una mujer aterrada porque en los cuellos de su blusa quedan restos de manchas. Cualquiera de nosotros le diría: «Pues póngase una bufanda». Pero no; ellos no: como son superhéroes, van y la ayudan.

Lo curioso es que no tienen pinta de superhéroes. Van vestidos con traje y corbata, y tienen cara de dependiente de El Corte Inglés. Cuando está la señora con la blusa en la mano, parece que el señor le va a decir: «Para que se lo envuelvan para regalo tiene que ir a Caja Central». Sin embargo, lejos de decir eso, el superhéroe de los detergentes pasa por delante de una sábana que está colgada en un tendedero, chasca los dedos y, al momento, él y la señora ya están dentro de la tela. Yo me pregunto: ¿el marido de esta señora no se mosquea? No sé… su mujer se mete entre las sábanas con el primero que aparece… Me imagino al marido: «¿Se puede saber dónde has estado, que apestas a detergente?». A este paso, van a poder tender las sábanas de los cuernos del marido.

Es normal que esa mujer busque un desahogo en los brazos de un superhéroe de la higiene, porque la familia con la que vive es un infierno: los niños todo el día de cumpleaños, manchándose de tarta; al día siguiente, juegan con un perro en un charco, luego les da por pintar un garaje... Esos niños lo hacen a propósito, eso no es mancharse, eso es ir a mala hostia.

De hecho, yo creo que en los anuncios de detergentes ya se les están acabando las maneras de mancharse. Ya lo han hecho todo. Para no repetirse, los chavales de los anuncios se manchan de una manera cada vez más barroca. Antes era muy sencillo:

—¿Dónde está mi camisa favorita?

—Está sucia.

—¡Ooh!

Pero la cosa empezó a complicarse hará quince años. Con el mítico:

—¿Y mi kimono? ¡Kia!

—Está sucio.

—¡Jo! ¡Y mañana lucho contra las coreanas!

¿Qué necesidad había de luchar contra las coreanas?

A finales de los noventa vinieron perros con las patas sucias de barro, helados de chocolate, becarias de la Casa Blanca... ¡Qué ganas de complicarse la vida! Ahora hay un anuncio con un niño que está jugando en un parque; dices: «Se cae y se mancha». ¡No! De eso, nada. Está jugando con una cometa: «Ah, la cometa se enreda en un árbol y cuando sube a por ella, se mancha». ¡Tampoco!

El niño juega, la madre le mira, de repente cambia el clima, una ráfaga de viento hace que la cometa entre en una corriente de aire frío y se precipite al vacío, con tan mala suerte que cae en un café-bar cercano, en la mesa donde la madre del chaval está tomando un chocolate, la cometa vuelca la taza, y a la madre se le pone la blusa perdida, cuellos incluidos. La madre lava la blusa, y cuando parece que ya está limpia, aparece el hombrecito de las fibras:

—Acompáñeme.

Y esa mujer, ama de su casa, pero hasta los huevos de ella, por fin encuentra alguien que la trata con cariño… y le sigue. Y, claro, una vez dentro de las fibras, «quedan restos de suciedad», pero unas manchas gigantescas y asquerosas. Y a la tía se le tiene que caer la cara de vergüenza: para una vez que tiene una aventura, lleva en la blusa una mancha como el reloj de la Puerta del Sol. Y el tío se lo echa en cara:

—¿Ve? Quedan restos.

—Menos mal que no se ha metido en los calzoncillos de mi marido…

Pero, gracias a Dios, el superhombre de las fibras hace que salgan unos rayos azules, como en *La guerra de las galaxias*, y lo deja impecable.

Luego… es muy triste, porque estos señores se van como vinieron, sin dejar que les den las gracias, como el Equipo A. ¿Os imagináis meteros dentro de una blusa con M. A. y que te diga «quedan restos»? Te cagas de miedo.

Estos señores menguantes desaparecen y las pobres amas de casa, después de haber vivido una aventura fascinante, tienen que volver a una vida cotidiana… con unos niños que se manchan hasta la capucha y un marido que no les hace caso. Es como *Los puentes de Madison*: la señora se quedará viviendo del recuerdo de lo que una vez pasó y no volverá a pasar.

Mi aplauso para esas mujeres abandonadas.

Los esquimales

Una gente que, contra todo pronóstico, esquía bien

Los esquimales son unos seres tan misteriosos y desconocidos que sólo con nombrarlos se me acurrucan los tímpanos y se me escarcha el paladar.

Son una incógnita.

Vamos a ver: todos sabemos que los primeros homínidos aparecieron en África y poco a poco fueron poblando el planeta. Pasaron por la fértil tierra de Mesopotamia, por España, Benidorm, etcétera. ¿Qué coño vieron los esquimales en el Polo para decir: «Yo me quedo aquí»? ¿Quién dijo: «Lo que mola es esto. Altamira está bien para pintar paredes, pero lo que mola para vivir es esto»? ¿Qué vieron? No sé, a lo mejor llegó un visionario de los negocios y dijo: «Aquí ponemos una gasolinera con un cartel bien grande: HAY HIELO, y nos forramos».

Y si el hombre empezó en África… cuando llegaron al Polo sólo tenían ropa de verano, taparrabos de manga corta. Supongo que lo que pasó fue que, al llegar allí, las mujeres vieron esos osos, con esas pieles, y se empeñaron en un abrigo de lomos de armiño. Y luego los maridos se empeñaron en que había que amortizarlo. Y a fuerza de cariño y amortización, se quedaron allí.

Cuando acababan de llegar, ni siquiera se llamaban «esquimales». Al principio no tenían ni idea de aquello, ni conocían la zona; no sabían esquiar. Decían:

—¿Tú qué tal esquías?

—Yo, mal.

—¿Y tú?

—Yo esquío mal también.

—¿Y tú?

Yo esquío mal... esquío mal, esquiomal, esquimal... y se quedaron con el nombre. La cuestión es que ahora ya esquían bien, y ésa es una de las grandes paradojas del pueblo esquimal.

Otra cosa rara de esta gente son sus construcciones: los iglús. Unas casas sin esquinas. ¿Cómo se amuebla un iglú? ¡Que tienen las paredes redondas! Una estantería, una cama, una mesa... lo arrimas a la pared y quedan huecos. ¿Cómo cuelgas un cuadro en un iglú? Y un cuadro es algo baladí, ¿pero un extintor?, ¿cómo cuelgan un extintor? Porque un extintor sí que es importante en un iglú. Un incendio allí... y lo pierdes todo. Vuelves a casa y sólo queda la bañera llena de agua. La explicación es curiosa: para colgar los extintores les dibujan un reloj de arena encima, como el de Windows. Así la gente pregunta:

—¿Y este extintor?

—No, es que está colgado.

Este chiste no tiene ninguna gracia porque estamos en España. Los esquimales son tan extraños que con esto se mondan. Fijaos si son raros que, como viven en iglús, cuando se van de camping, las tiendas de campaña tienen forma de vivienda unifamiliar.

Otra extravagancia de estos señores es andar con raquetas en los pies. Eso... los adultos; los niños supongo que llevarán raquetas de ping-pong. Y no sólo porque el pie es más pequeño, sino porque las raquetas de ping-pong tienen las suelas de goma, y eso viene muy bien para los niños esquimales, que están todo el día pisando los charcos. Y aquí viene otra duda: ¿cómo se hacen los niños esquimales? Porque a ver quién es el valiente que se desnuda a treinta grados bajo cero. Diréis: «A través del abrigo». Hombre, es un abrigo de veinte centímetros de grosor... Eso está al alcance de muy pocos. Yo he llegado a la conclusión de que, en el Polo, coitos, los justos.

Otra cosa que tampoco se practica en el Polo es el ciclismo, porque los sillines son de hielo y, con el roce, a los pobres esquimales les salen lo que vulgarmente se llaman «hemorroides polares», o «polaroides», que son unas verruguitas en el ano que hacen fotos. Y las polaroides no se curan con Hemoal: hay que echarles Licor del Polo. Y en la intimidad, porque como te pillen en una plaza de Laponia con una botella de Licor del Polo, te multan por hacer botellón. Viene Gallardón con unas raquetas de pádel en los pies y te detiene.

¡Qué misterioso es el pueblo esquimal! Y a la vez, qué fácil de entender.

II
Cosas del hogar...

Los tirantes

Arbotantes textiles como los de antes

¿Son dignos los tirantes?

Son el medio de sujeción más básico que hay. Lo inmediatamente anterior es ir con las manos en los bolsillos tirando hacia arriba.

Cuando uno lleva tirantes, va como descompensado. Los pantalones van más altos de lo que deberían, un punto medio entre el ombligo y las tetillas. Ése no es lugar para unos pantalones. Y lo peor es que se marca la bolsa escrotal. Eso tiene que doler.

Últimamente están haciendo un lavado de cara impresionante a los tirantes. Quieren hacernos creer que son cosa de ricos. Cuando las cosas salen bien en la bolsa, el millonario se tira de los tirantes. Vamos a ver: si las cosas te van tan bien en la bolsa, ¿no podrías comprarte unos pantalones de tu talla?

Yo me pregunto: ¿en qué momento de la vida uno dice: «Yo soy más de tirantes»? Son decisiones importantes, como cuando uno dice: «Lo mío es llevar una visera llena de pines». Llega un momento en el que uno dice: «Lo mío son los tirantes. Los cocodrilillos metálicos con dientecillos de plástico es lo que necesito. ¿Un cinturón? ¿Para qué?». Pues hombre, el cinturón te avisa cuando engordas, porque hay que soltar agujero. Aunque, bien mirado, los tirantes te avisan cuando creces. Eso tiene su riesgo, a un niño le pones unos tirantes muy apretados y no crece. Es lo que le pasó a Ángel Cristo: toda la vida con los tirantes del circo, y así se quedó. Lo que no tiene explicación es que haya engordado de esa manera tan inhumana. La gente de los circos son usuarios del tirante. Por ejemplo, los forzudos italianos que llevan tirantes sin camisa. Los tirantes son su única prenda superior, y ¡hala!, ¡a levantar pesas! Digo yo: esos tirantes luego los echan a lavar, ¿no?

Nunca entenderé por qué la gente opta por los tirantes, a no ser alguien que esté expuesto a repentinos ataques de adelgazamiento. Yo creo que los tirantes son como los sombreros: los tienen en El Corte Inglés para que te los pruebes, pero no para que los compres. Te los pruebas, ves cómo te quedan y ya está.

Las personas que los llevan sufren el problema de descompensación que antes apuntaba. Para compensar, lo que tendrían que hacer es llevar los bolsillos llenos de monedas. Pero muchas. Así, el peso de los bolsillos tira para abajo y ya vas bien. El problema es que, según vas gastando el dinero, el pantalón va subiendo con más ganas, aprieta los huevecillos, y las últimas cañas las pides con voz de pitufo. No lo parece, pero es la manera de llevar tirantes con más dignidad.

No usamos los tirantes cuando serían verdaderamente útiles, como, por ejemplo, para sujetar esos esquijamas de goma flácida que, aunque estés tumbado en la cama, los pantalones se te caen. Otro uso: para poder tirarte de cabeza a la piscina sin que se te vaya el bañador a los tobillos. Diréis: «Es que se verían y quedarían muy feos». Cierto. Y que nadie diga que podrían ponerse tirantes invisibles como los de los sujetadores. ¡Qué mentira es esa de que son invisibles! ¡Se ven! ¿Os imagináis que fueran invisibles de verdad? Vas a una tienda:

—¿Tienen tirantes invisibles?

—Sí, pero no los encontramos.

Sería una situación muy tirante.

El cajón de los cubiertos

Donde reina la anarquía

Uno de los lugares más misteriosos del mundo es un sitio que todos los días visitamos. Nadie sabe bien qué reglas rigen allí: el cajón de los cubiertos.

¿Por qué está siempre desordenado? La clave reside en el mecanismo de apertura. Está especialmente diseñado para que todo lo que contiene se baraje. Ni un solo cajón de los cubiertos se abre como Dios manda.

Hay varios tipos. Está el cajón convencional, también llamado «mueble de formica que renquea», y que, gracias a Dios, cada vez escasea más. Es ese cajón que tiras y no se desliza. Va a tirones. Como la primera vez que uno coge un coche, igual. Y claro, eso hace que allí dentro se monte una orgía de cuchillos, cucharas, tenedores y cucharillas.

Luego está el que sí se desliza, que tiene dos acordes: *ziiip* y *crash*. Te pasas dos días ordenándolo, y al primer *ziiip-crash*, se va todo el orden al carallo.

Pero nadie protesta. Ni las madres. Toda mi vida oyendo: «Luisiño, tienes tu cuarto hecho una leonera. Hasta que no recojas tus cosas, no sales a la calle». ¡Y si vierais el cajón de los cubiertos que me tiene mi madre! Te dan ganas de decirle: «¡Mamá, hasta que no ordenes el cajón de los cubiertos, no bajas a la calle!».

Por cierto, ¿alguien ha visto alguna leonera? ¡Deben de ser algo terrible! Las madres les tienen un miedo…

Pero no se puede hacer nada, porque el cajón de los cubiertos se rige por la ley que nos defiende cuando lo tenemos todo patas arriba: «Ya sé que está todo revuelto, pero yo me aclaro».

A esta ley es a la que se acoge Bush cada vez que le preguntan por Irak: «Sí, sí, está todo patas arriba, pero yo me aclaro. Yo sé dónde está lo que me interesa».

Estaría bien que alguien —su madre, por ejemplo— le dijera a Bush que no puede salir a la calle hasta que no deje Irak como estaba, que lo tiene hecho una leonera.

En el cajón de los cubiertos está el cuchillo Ginsu, irrompible, afilado con láser. Un cuchillo que hasta sale por la tele, esgrimido por un chino que recita: «El único cuchillo capaz de cortar un clavo». Pero este chino… ¿de qué tipo de filetes se alimenta? ¡No te gastes la pasta en un cuchillo! ¡Con ese dinero compra carne de mejor calidad!

A mí que me den el mítico cuchillo sin mango, protagonista de todo cajón de los cubiertos que se precie. Lleva ahí toda la vida. Es como un héroe de guerra. Se le han ido cayendo las cachas. Primero una… (la otra se le queda sujeta con un tornillo que le das con el dedo y da vueltas). Luego la otra… y sobrevive la hoja sola. Y corta de maravilla, aunque tenga la punta rota, pero gracias a eso lo podemos usar como destornillador. ¿Cómo vas a apretar un tornillo con el Ginsu? El chino tendría que habérselo pensado dos veces antes de hacerlo irrompible.

También está el cascanueces. No sé en qué momento de la vida uno opta por comprarse un cascanueces, pero hay uno en todos los cajones de los cubiertos.

Otro habitante del cajón de la cocina es el sacacorchos. A mí el sacacorchos me recuerda a E. T. Tiene su cabeza de forma rara, el cuello con surcos, y con los brazos laaaaargos. Es evidente que son los brazos, porque se los levantas y tienen hasta los pelillos del sobaco.

Todos estos habitantes del cajón, como viven en la anarquía, un día deciden sublevarse. Y al cascanueces, jamás usado, le da por atrancar el cajón desde adentro. Y por más que tires, no hay forma de abrirlo, se traba como haciendo palanca y no hay manera.

Yo tengo un amigo al que le pasó esto y perdió el cajón para siempre. Tuvo que habilitar el de abajo, el de los paños. Y yo le dije a mi amigo: «Como se te atranque éste también, vas a tener que vender la casa y empezar de cero».

Pero él me dijo que no, que le interesaba mucho coger las cosas que había dentro del cajón, y que, si no había más remedio, destruiría el mueble. Vamos, lo mismo que hizo Bush con Irak, sólo que en el caso de mi amigo, las cosas sí que estaban en el cajón.

Los botes del baño

Una vez al año nos hacen daño

Lo que más me preocupa desde que comenzó este siglo es el problema de los botes de gel.

No sólo los botes de gel, claro. Los de champú también. Son una invasión que no debemos tolerar. Antes teníamos una pastilla de jabón, negra, la de jabón Magno. La veías tan negra y decías: «¿Seguro que esto limpia? ¿Seguro que no va a pintarme de negro? Para lavarse Bill Cosby, bueno, pero para lavarme yo…».

Poco a poco empezó la invasión.

Primero llegó el bote de champú, que a mí me cae especialmente mal, porque es un mentiroso. Su etiqueta pone: «No irrita los ojos». ¡No… huevos! Como te entre una gotita, tienes que cerrar los ojos con tanta fuerza que el párpado de abajo se te pasa arriba y el de arriba se pasa abajo. Y sigues leyendo la etiqueta y pone: «Aplicar suave masaje de la raíz a las puntas y repetir si se desea». Si se desea… quedar uno ciego para siempre.

Siempre rezan eslóganes como «Nueva fórmula revitalizante, proporciona un volumen extra». A mí me entra la duda: ¿esto es champú o es Viagra? A ver si lo de «aplicar suave masaje de la raíz a la punta y repetir si se desea» va a ser otra cosa…

Tampoco entiendo que ponga: «Champú con extracto de yoyoba, esencia de guayaba, aroma de ananás y otras frutas tropicales». ¿Para qué tantas frutas? ¡Yo no quiero que mi cabeza huela como la de Paco Porras!

Y otra duda: si aquí nos lavamos la cabeza con perfume de delicias exóticas, digo yo que por una sencilla regla de tres en los países tropicales se lavarán la cabeza con cosas castizas de España: champú con aroma de torrezno, extracto de panceta, esencia de cabrales...

Luego nos invadieron los champús temáticos, como los champús anticaspa, que son horrorosos, porque ¡te amenazan! En los anuncios te dicen «úsanos, y solucionaremos tu problema, pero como luego se te ocurra dejarnos, o cambiarnos por otra marca... verás». Los champús anticaspa son como de la mafia. Sólo falta que digan: «Como nos cambies... se te va a caer el pelo». De todos modos, siempre será preferible usar un champú anticaspa a usar un champú anticaída. La caspa, con no tenerla, ya está. Pero como se te caiga el pelo, no puedes hacer nada.

Que se caiga el pelo es una lástima. Es terrible para el pelo, porque si se cae de una persona muy alta se puede hacer daño. Pero también es malo para el dueño, porque se pone triste. Y lo más triste del mundo son los señores en los que se da la llamada «inversión de los hemisferios pelares».

La «inversión de los hemisferios pelares» se da en aquellos señores que se quedan calvos, pero se dejan barba, y tienen mucho pelo en el cuerpo. En estos señores, la proporción gel/champú se cumple a la inversa que en el resto de personas: un poquito de gel para la calva y un buen chorro de champú para el resto del cuerpo.

El champú fue el primer invasor del cuarto de baño, pero luego vino el gel.

Y si ya he demostrado que el champú es un mentiroso, el gel es peor, es un falso: se acaba sin avisar. Te vas a echar y hace «prrrr», como diciendo: «Te jodes, hoy te duchas sin jabón».

Y entonces, el ser humano, que es inteligente, tiene una feliz ocurrencia: torturar al jabón. Lo dejamos dado la vuelta. Como diciendo: «Espero que esto te haga cambiar de opinión y que mañana vuelvas a estar lleno». Pero al día siguiente, otra vez: «Prrrr». Y entonces lo sometemos a la peor de las torturas: llenarlo de agua. Tampoco funciona. De hecho, el bote se venga. Guarda el agua durante toda la noche, la enfría y cuando te vas a duchar te lanza un chorro de agua helada contra la desnudez desnuda de tu cuerpo. Y solamente ahí reconocemos que se ha acabado el bote de gel.

Ese chorro de agua fría es la causa de que luego hagamos cosas muy raras y peligrosas; por ejemplo, comprar un bote de gel en un Todo a Cien, que no es digno. Para empezar, la pegatina de esos botes es muy triste. Esa pobre pegatina… que no es resistente al agua, incapaz de mantenerse pegada al bote, que se va despegando poco a poco y convirtiéndose en una especie de espumilla… Y debe de ser lo único que hace espuma, porque lo más patético de este producto jabonoso es su incapacidad para hacer espuma. Se ve que el gel se esfuerza, pero no es capaz. Lo único que sabe hacer un bote de gel del Todo a Cien es pesar. Como son de litro y medio, pesan un quintal.

Hay un momento en toda vida humana en el que descubrimos cuánto pesa un bote de gel del Todo a Cien. Estás desnudo, mojado, te quieres echar el gel, y no puedes levantar el bote de lo que pesa. El momento todavía no es ése, pero calma, está al llegar. Es cuando lo estás agarrando, la pegatina se despega del todo, el bote se resbala, y te cae en un pie. En ese momento eres consciente de cuánto pesa un bote de gel del Todo a Cien de una forma plena y harto cognoscitiva.

Dos botes en casa: gel y champú.

Pero llega un día en el que uno se enamora y se va a vivir con una chica. En ese instante, tú no lo sabes, pero el número de botes se ha multiplicado por seis. Ahora hay gel, champú, crema suavizante, crema exfoliante, aceite Johnson's, body milk, leche hidratante y unas bolitas del Body Shop que se llenan de polvo y que no sé para qué son. Cuando una mujer toma posesión del baño, hay botes para sesenta personas. Al revés que en el *Titanic*, que sólo había botes para la mitad.

Y el peligro está en que, si no te fijas, uno se puede confundir. Yo me acuerdo de un día en que me eché crema suavizante en vez de champú, y salí del baño con el flequillo revitalizado y con volumen extra… O sea, como la Pantera Rosa.

Espero que la Organización Mundial de la Salud tome cartas en el asunto de la invasión del jabón. Porque, hasta ahora, con este tema lo único que han hecho ha sido lavarse las manos.

Las alfombras

Siempre a nuestros pies

Hay que defender a uno de los seres más indefensos y pisoteados de la creación: las alfombras. Los seres humanos somos muy valientes, ¿verdad? Como las alfombras no se pueden defender... «Es que son muy calentitas». ¡Pues pisa un brasero, desgraciado! Si las alfombras tuvieran brazos tatuados o voz ronca, sería distinto.

Yo he estado estudiando ardua y afanosamente el asunto de las alfombras, y el problema es que no está nada clara su función.

Hay varias corrientes de pensamiento. Hay quien dice que son para proteger del frío. Hay quien dice que adornan. Hay quien dice que, como son blanditas, sirven para que los pasos no hagan tanto ruido. Pues de eso, nada. Las alfombras sólo sirven para una cosa: almacenar porquería y suciedad. Por cierto, lo hacen estupendamente bien.

Las alfombras crecen. Tú pesas una alfombra el día que la compras, y al cabo de seis años la vuelves a pesar y ha ganado seis kilos de mierdecilla. Y esa mierdecilla forma parte integrante de la alfombra.

Un día se te cae una patata frita en la alfombra, la recoges y esa patata frita trae consigo pelusa y pelo. A veces el pelo tira de ella, tiras tú, y al final dices: «Me rindo»; y la patata pasa a formar parte de la alfombra.

¿Cómo va a ser una alfombra para adornar? Las cosas bonitas no son para pisarlas, sería como pisar flores, koalas, o modelos de lencería.

¿Para no hacer ruido? Tampoco son para la cosa del silencio. Porque vale que cada paso suena menos, pero cada vez que te tropiezas con la alfombra y te caes suena: «¡Patapum!». Y cuidado con caerse en la alfombra, porque como te enganches en el pelo y la pelusa... Hay gente que ha pasado a formar parte de alfombras y aún los están buscando.

¿Y lo de que son calentitas? Bueno, eso puede tener cierto sentido, porque como van atrapando toda partícula que se les acerca, cada vez son más gordas y cada vez abrigan más. Pero si son para abrigar, no tendría sentido que las señoras las sacudieran por la ventana.

Y aquí hay que ponerse serio: algo hemos de hacer con estas señoras que sacuden las alfombras por la ventana... Eso no puede ser legal. Cuando se asoman a la ventana tienen cara de que van a delinquir. Salen como pajarracos, miran a los lados, y hacen «¡placa, placa, placa!». Miras, y se vuelven a meter. Son como relojes de cuco. ¡Eso hay que prohibirlo ya! Sacuden con ahínco, y de ahí sale una lluvia de ADN de alfombra, que un día te puede caer encima un señor que se haya quedado pegado.

La solución es que salgan a unas horas concretas, como los relojes de cuco. Y que, según la hora a la que salgan, sacudan tal número de veces. A las dos: «¡Placa, placa!». Y se meten. A las tres: «¡Placa, placa, placa!». Y se meten. Y todos felices.

En Inglaterra no se podría hacer, porque allí no hay alfombras, hay moquetas. Es lo que más le llama la atención a la gente que va allí.

—¿Estuviste en Londres? ¿Que tal?

—La Torre de Londres, bien, el puente, el Big Ben... Pero ¿sabes qué es lo que más me llamó la atención? ¡Que tenían moqueta en el cuarto de baño!

La moqueta no es una alfombra exactamente. La moqueta es como tener el suelo forrado con piel de teleñeco. Dicen sus defensores: «Es que es más limpio porque no hace falta barrer». No... vamos a ver: que no se vea la suciedad no quiere decir que no esté. Pero, claro, «ojos que no ven...». Por esa regla de tres, esta gente debería enmoquetarse el ano.

Otras alfombras que no son alfombras son las alfombrillas del ratón. Vamos a ver: ¡basta ya de fabricar alfombrillas de ratón! Los publicitarios no paran de fabricar alfombrillas de ratón... ¿No se dan cuenta de que cada ratón ya viene con una alfombrilla? «No, pero es que ésta es más bonita». ¡No! ¡No hay alfombrilla de ratón bonita! «Alfombrilla de ratón» y «bonita» son términos contradictorios, es como decir «bomba inteligente» o «música militar». Pero, ¡hala! ¡Venga a fabricar alfombrillas de ratón, venga a fabricar alfombrillas de ratón...! Yo se las pongo al hámster. Mi padre las usa de posavasos. Pones un vaso en la mesa y te dice: «Pon una alfombrilla de ratón debajo».

Y mucho cuidado, porque las alfombrillas de ratón están llegando al desequilibrio cuántico. En el mundo ya hay muchas más alfombrillas de ratón que ratones. Es un desequilibrio como el que hay en Internet. En Internet hay más mujeres desnudas que población mundial femenina. ¿Cómo es eso? Pues porque en algún lugar secreto del mundo, en Ohio, o en Milwaukee, o en Cuenca, habrá una cueva subterránea secreta llena de mujeres desnudas. Eso es un peligro, porque un día estás cavando un hoyo en el jardín de tu casa, pinchas donde la cueva y hace todo: «¡Pfff!». Empiezan a salir mujeres desnudas a borbotones hacia el cielo, y tú, muerto de miedo:

—¡Papá, papá! ¡Que empiezan a salir mujeres desnudas del suelo! ¿Qué hago?

—No sé, pero ponles una alfombrilla de ratón debajo.

Ya va siendo hora de fundar el Tribunal de Derechos Humanos de Alfombras. Yo fui a La Haya, pero me dijeron que no podía ser, porque las alfombras no son humanos.

Y mi pregunta es: ¿quién decide aquí qué es humano y qué no?

Los sofás y los sillones

Sillas obesas

Existen unos pequeños seres que son bastante grandes: los sofás. Los sofás están sujetos a una serie de leyes físicas y reglas matemáticas que siempre se cumplen; por ejemplo: cuando un sofá es barato, siempre es feo. Siempre. ¡Pero qué se le va a hacer...!

Te vas al Palacio del Sofá, carretera de Toledo sin número. Lo de «Palacio del Sofá» es una ironía: esa estructura arquitectónica es lo menos parecido a un palacio que he visto en mi vida. Una nave industrial de dos mil metros cuadrados llena de sofás, ochocientos tipos de sofás distintos: ¿hay alguno bonito? ¡No! ¡Son todos horribles!

Pero la culpa no es de los sofás. La culpa es de un animal mitológico, mitad sofá, mitad cama: el sofá-cama. Porque ya nos hemos acostumbrado, pero eso es una aberración a los ojos de Dios. ¿A quién se le ocurre cruzar dos muebles que no tienen nada que ver el uno con el otro? Eso tiene que ser pecado, fijo. Es como si yo invento la nevera-bañera o la estufa-váter. No tiene sentido ninguno.

La otra opción es ir a Ikea. Allí todo puede ser un sofá mientras no se demuestre lo contrario.

—Hola. ¿Tienen sofás?

—Sí.

Y te enseñan un colchón doblado. Te dan ganas de preguntar si tienen colchones doblados, a ver si te enseñan un sofá.

El problema es cuando encuentras un sofá bonito, porque seguramente sea incómodo. La belleza siempre está reñida con la comodidad: mirad los chándales. Yo tengo en mi casa un sofá precioso, pero es el sofá más incómodo del mundo. Tan incómodo es, que debería estar prohibido por la Organización Mundial de la Salud, porque es un peligro. Puedes hacer cosas en él: ver la tele, leer, etcétera, siempre y cuando permanezcas despierto. Dormirse en mi sofá puede ser mortal. Porque, al dormirse, uno no nota nada, pero el sillón tiene una protuberancia en los reposabrazos que se te clava en el cuello y te corta la circulación. Y, claro, al no llegarle riego al cerebro, se percibe una plácida sensación de somnolencia. Media hora de siesta en mi sofá deja sin riego a todo un hemisferio del cerebro. Y una hora puede producir lesiones irreversibles. ¿Y qué voy a hacer? ¿Tirarlo?

Muy mal tiene que estar un sillón para que alguien lo tire a la basura. Es muy duro tirar un sofá. Es una decisión difícil de tomar: «No, este sofá ya no aguanta más». Pero a veces pasa. Cuando uno va paseando y ve un sillón en la calle, tiene una pinta horrible. Piensas: «¿Y este sillón estaba ayer en una casa?».

El término «tresillo» a mí me crispa, porque una «silla» es un asiento, un «visillo» es una cortina y un «tresillo» es un sofá. ¡A ver si nos aclaramos!

Los sofás son seres infranqueables. Para empezar, debajo de ellos no se puede barrer. Si te agachas y miras debajo, puedes encontrar hasta cintas Beta.

Pero la zona más misteriosa es el «intercojino», la zona entre cojín y cojín en la que hay arena. Aunque el sofá esté en Madrid, y la playa más cercana esté a trescientos kilómetros, en el «intercojino» del sofá ¡hay arena! O un kiko revenido ¡en una casa en la que jamás se han comido kikos! ¿De dónde sale eso? ¿Lo generará el sofá? Es como si lo excretara. A lo que la gente dirá: «¿Cómo va a excretar un sofá, si no come?». ¡Claro que come! ¡Mandos a distancia! Lo que pasa es que nos damos cuenta antes de que sea demasiado tarde... pero los sillones siempre están tratando de comerse el mando a distancia, o el móvil. Y un día que no nos demos cuenta, lo convertirán en arena o en kikos revenidos.

Los pósters

Grandes sobras de arte

Los pósters de los ochenta marcaron una época: los ochenta. En aquella década ibas a una tienda de discos, o de regalos, o a Carrefour (llamado Continente), y había un expositor de pósters. Era como ir pasando las páginas de un libro gigante, enmarcadas en metal, y sonaba «clac, clac, clac...». Siempre te sorprendían: un bebé con cresta en una Harley que ponía «Born to kill...». ¡Qué maravilla!

Luego, según ibas pasando —clac, clac, clac—, allí estaban los de monos. Es curioso: ¡cuánta gracia tenían los monos en los ochenta y no llegaron a nada! Y fijaos que tenían todas las cualidades para ser presidentes de los Estados Unidos. ¡Ay, qué dicacidad!

Los pósters de monos podían ser de dos tipos. Tipo A: mono en la oficina; con un puro, con un cartel que decía: «¿Quién es el jefe?», o haciéndose un lío con el papel de la impresora, o con un cartel que ponía «Genio trabajando»... Y tipo B, un poco más asqueroso, aunque parezca imposible: monos en cuartos de baño ejerciendo labores de higiene, mono lavándose los dientes, mono con gorro de ducha, mono en váter con el papel higiénico... La gente se tronchaba.

Seguías pasando —clac, clac, clac— y aparecía Samantha Fox. ¡Qué icono de los ochenta! ¿Cómo estará Samantha Fox ahora? Otros pósters míticos eran los de Anne Geddes, los de bebés dentro de tiestos o sobre coliflores. En aquella época, mi hermana tenía un póster de niñitos de Anne Geddes, y uno de Michael Jackson, y yo me metía con ella: «¡Pero si no tiene nada que ver una cosa con la otra!». El tiempo demostró que sí. Yo creo que el bebé de la Harley estaba escapando de Michael Jackson.

Otro muy típico era el de Albert Einstein sacando la lengua. Es evidente que Einstein era gallego:

—¿Cuánto tiempo tarda en llegar al sol un tren que viaja a la velocidad de la luz?

—Depende, todo es relativo.

Después de los ochenta, como muchos de nosotros ya habíamos predicho, llegaron los noventa. Y todos los pósters que he descrito aparecieron en versión Bob Marley, o sea, con porros. Si alguien tiene un póster de Bob Marley en el que no salga un porro o una bandera de Jamaica, por favor, que me lo mande. El porro inunda todo tipo de pósters: hay monos con porros, Einstein con porros, los Simpsons con porros, la Mona Lisa con porros, ¡todo! El mundo del porro también es muy amigo de cambiar títulos de películas, y aparece el póster de *El señor de los anillos*, versión *El señor de los gramillos*. Los noventa también fueron una década tronchante.

Otro tipo de pósters típicos son los de fotos de Lewis Hine, con obreros caminando por las vigas. Los hay en versión caricaturas de actores de Hollywood, que sólo reconoces a Marilyn Monroe. Dices: «¡Joé! ¡Qué mal estoy de cine, no reconozco a ninguno!». Pues no, no es culpa tuya, están tan poco logrados que es imposible saber quién es quién. Actores de Hollywood irreconocibles también existen en versión la Última Cena y, por supuesto, la Última Cena con porros. No sé qué pidieron de postre, pero fijo que era de chocolate.

Sin embargo, los pósters más importantes de los ochenta eran los que regalaba *TeleIndiscreta*. Eran tamaño folio y tenían a Mike Donovan, de *V*, por un lado, y a Sabrina en tetas por el otro. Claro, era muy difícil explicar en casa que a ti la parte que te interesaba era la de Mike Donovan.

Sea el póster que sea, el ciclo de vida siempre es el mismo. Lo pegas a la pared con *blue tack*, que es un chicle azul sin sabor, y lo aprietas todo lo fuerte que puedes. Pero el póster tiende a caer por la ley de la gravedad, por eso está Einstein sacando la lengua. El póster va aflojándose, y le pasa un curioso fenómeno: le sale tripa. Y tienes a Mike Donovan con tripa. Lo intentas aplanar y se da el segundo paso en el ciclo de un póster: al alisarlo, calcas el gotelé y tienes a Mike Donovan con tripa y acné. Como no puedes soportar la humillación, lo despegas de la pared y lo pones con celo, que eso sí que sujeta bien, en una ventana. Es lo peor que podías hacer, porque transparenta, y ahora tienes a Mike Donovan con tripa, acné y las tetas de Sabrina, que transparentan por atrás.

es y de café, no reconozco a ninguno. Pues no, usted [illegible] culpa tuya: estos carteles tan degradados que es imposible saber quién es quién. Actores de Hollywood [illegible] bles famosos, también en televisión la Última Cena y, por supuesto, la Última Cena con porno. No sé quién [illegible] tonde pintó, pero fijo que era de chocolate.

Sin embargo, los pósters más interesantes [illegible] ochenta eran los que recalcaban *Marca Registrada*. Eran fotos de [illegible] y retrataban a Mike Donovan de [illegible] por un lado, y [illegible] por el otro. Claro, es muy difícil [illegible] en casa que [illegible] la parte que te interesa lo es de Mike Donovan.

[illegible] el póster que [illegible] el cielo de [illegible] siempre es el mismo. Lo pegas a la pared con [illegible], que es un [illegible] de vinilo [illegible], y lo aprietas todo lo fuerte que puedas. Pero el póster tiene [illegible] por [illegible] su gravedad, por eso está [illegible] la fuente. El póster se [illegible], y le pasa un [illegible] a Mike Donovan con [illegible] en el segundo piso en el [illegible] de un póster al [illegible] y [illegible] a Mike Donovan [illegible]. ¿Cómo te puedes soportar la [illegible] de la [illegible] que eso sí que [illegible] una ventana. Es lo peor que podías hacer [illegible]. Y ahora [illegible] Mike Donovan [illegible] que [illegible] que [illegible] tan [illegible].

Las cerillas

Fuego y discreción

Hablemos de las cerillas.

Y hagámoslo antes de que se extingan.

Ya no hay cerillas en el cajón de los cubiertos de las casas. La gente dice que ya no las usa, ¿y sabéis lo que han puesto en su lugar? Los palillos de un restaurante chino.

Antes todos teníamos una caja de cerillas en casa. La del gato pintado. Y las familias eran felices. El niño jugaba con ellas y luego los padres le reñían diciendo una cosa muy curiosa:

—¡Si juegas con fuego, luego te haces pis en la cama!

—Bueno, cada uno apaga los incendios como puede.

Es que con las cerillas se podía hacer de todo: un cohete con cerillas y papel Albal que salía volando hacia las cortinas e incendiaba la casa, y era muy divertido, o un petardo que explotaba, y hasta se podía hacer una bomba fétida con una cerilla de cera. La desenrollas, le envuelves la cabeza como a las modelos de David Delfín —como una operación de fimosis, pero al revés—, y eso lo prendes y huele como a huevo duro podrido.

Pero ahora las cerillas están a punto de extinguirse. ¿Por qué? Por culpa del Magiclic, los mecheros y la vitrocerámica.

La verdad es que lo del Magiclic no fue tan terrible, porque era un chisme que servía para electrocutar moscas, para sacar chapas, para dar un chispazo en una cabina y hablar gratis por teléfono... Vamos, que servía para hacer tantas cosas que nadie los usaba para encender fuego.

Pero la vitrocerámica y el mechero han desterrado a las cerillas. Ahora las pobres se tienen que ganar la vida en el váter, quitando el olor. Lo cual dice mucho de la versatilidad de las cerillas, que lo mismo sirven para fabricar bombas fétidas que huelen a huevo podrido, que para quitar el mal olor.

Ahora las pobres viven acojonadas desde que se inventó «el momento All-Bran». Saben que a las nueve de la mañana... llega la abuela y... Y lo peor no es que te arda la cabeza, lo peor es que después tiran tu cadáver al váter.

Y eso a la cerilla no le gusta nada.

De hecho, tiras de la cadena y ella se niega a irse con las cacas, ella se queda allí, flotando, toda digna, haciéndose la muerta. Y no puede nadar, porque la gente no lo sabe... pero las cerillas no tienen brazos. Y tiene que ser muy duro eso, porque si te pica la cabeza no te puedes rascar... y si te rascas, es peor, porque te arde la cabeza.

Las cerillas se pueden clasificar en tres materiales, según su linaje. Las de más alta estirpe son las de madera. Lo que pasa es que se lo tienen muy creído. Saben que se van a extinguir y quieren morir matando. ¿Quién no conoce «la cerilla talibán»? La cerilla suicida, que la enciendes y sale disparada ardiendo hacia ti. Dice: «Yo me muero, pero el agujerito en la camisa no te lo quita nadie».

Luego están las cerillas de clase media: las de cera, las blanditas. Esta cerilla también tiene su forma de luchar contra la extinción. Utiliza la técnica de la cerilla lapa. Cuando la raspas, la muy desgraciada se enciende, ¡pero pegada a tu dedo! Que te deja la yema del dedo más quemada que las puntas de Belén Esteban.

Y luego está la clase humilde de las cerillas: las que vienen como en una carpetita, que son propaganda de cosas que no se sabe bien lo que son, como «Parrillada y churrascos El Pampero», o «Mesón O'Mascoto».

La mejor manera que tienen de luchar estas cerillas es hacer huelga. Básicamente, hacen eso: no se encienden. Y estás ahí, raspa que te rasparás, que al final puedes conseguir que se te encienda el dedo. Y te queda como un chorizo criollo… Vamos, que no se te olvida el nombre de «Parrillada El Pampero» en lo que te queda de vida.

Y esto en cuanto al tipo de cerillas que hay en España.

En las películas salen las cerillas pijas, que son muy largas y son para encender velas decorativas. Que digo yo que si las velas son decorativas, no habrá que encenderlas, ¿no?

Fuera de España, en el lejano Oeste, hay una superraza de supercerillas: las cerillas que se encienden en todas partes, en la suela del zapato, en la barba, en una piedra… Coges una cerilla de las del Oeste y, si quieres, la puedes encender en un plato de sopa. Yo las llamo «cerillas Coto Matamoros», porque tienen la cabeza pelada y se encienden con todo.

Y a mí se me enmohecen los ojos de pena cuando pienso que las cerillas van a desaparecer, que las pobres tienden a la extinción por culpa de las vitrocerámicas, los magiclic, los mecheros y las leyes antitabaco, y que todo este universo desaparecerá como lágrimas en la lluvia.

El mimbre

Una cochinada (como cualquier otra cosa hecha de paja)

Odio el mimbre.

¡Ese material no es para hacer muebles, por Dios! Haces una silla de mimbre y es muy enclenque. El mimbre es una madera endeble, como la ajuria enea: haces una mesa con ello, empieza cojeando y acaba cayéndose.

La primera persona que sufrió el mimbre fue Emmanuelle, sentada en aquel sofá de mimbre, tan exuberante... Esa mujer no podía ser feliz. ¿Imagináis lo que tiene que doler estar sentada, en pelotas, en un sofá de mimbre? Se te clava por todas partes... Por ahí también. Toda la espalda a rayitas, y el culo como unas Ruffles a la barbacoa. Si lo llegan a saber los judíos, clavan a Jesús en una cruz de mimbre. Aunque, si os fijáis, la corona que le pusieron en la cabeza era de mimbre. Un mimbre a mala leche, pero mimbre al fin y al cabo.

El mimbre está bien para hacer cestas como las de Caperucita, pero nada más. Por ejemplo, un cestillo para el pan es absurdo hacerlo de mimbre: las migas se cuelan, y la mesa acaba pareciendo un gallinero.

—¡Qué raro! Pero si el pan estaba en una cesta...

—Ya, pero de mimbre.

¿A que a nadie se le ocurre hacer una bañera de mimbre?

—¡Qué raro! Está todo el cuarto de baño mojado, y el vecino de abajo con un manchurrón en el techo que parece Altamira.

O un váter de mimbre. ¿Os imagináis? Cuarenta y cinco minutos con la escobilla para dejar eso como Dios manda. Y aun así, yo creo que habría trocitos que no saldrían. Alguna zurraspilla se quedaría. La única solución sería poner un poco de celofán y, como cuando le quitan el precio a algo en El Corte Inglés, ¡zas, zas, zas…!

Los pescadores tienen un cestillo de mimbre para llevar los peces. Muy bien, porque los peces están muertos y les da igual, tiene rendijillas para que les entre aire y se mueran más. Pero no soporto a esa gente que lleva, por ejemplo, a un gatito en una cesta de mimbre. El pobre gato va descalzo, y el mimbre se le tiene que clavar. Las cestas son para cosa muerta: peces, fruta, etcétera. ¿Sería posible hacer ataúdes de mimbre? A mí no me parece buena idea, porque al muerto le da igual, pero para los que llevan la caja a hombros tiene que ser una putada:

—Espera, espera, que se me ha enganchado la mantilla.

—Espera, espera, que se me está clavando la caja.

—Pues daos prisa, que esto está empezando a gotear.

Definitivamente, un ataúd de mimbre no es buena idea.

Y tampoco es buena idea hacer burritos de mimbre con pompones. Esos burritos parece que están hechos con All-Bran. De hecho, te comes un burrito de ésos y te cagas.

¿Quién fue otra persona que utilizaba mucho el mimbre? El primero de los tres cerditos. Esa birria de casa estaba hecha de mimbre, y mirad lo que duró.

Sin embargo, el mimbre se ha erigido en mueble del verano por antonomasia. Todo chalé adosado de zona costera tiene algún mueble de mimbre. Creo que el mobiliario veraniego es al mobiliario lo que la música veraniega es a la música.

Para acabar, y aunque a mí no me guste el mimbre, he de reconocer que ha sido la cuna de nuestra religión y de nuestras creencias. Si uno lee la Biblia atentamente (me refiero a fijándose en los dibujos), verá que la cuna del Niño Jesús era de mimbre. Y eso es importante: el Mesías eligió el mimbre para venir al mundo. Eso sólo puede ser bueno.

Aunque yo tengo otra teoría, también fijándome en los dibujos de la Biblia, porque la cosa está dudosa... Yo no sé si eso es una cuna de mimbre o un nido de pájaro. Para mí que la Virgen María era en realidad un ave, el Ave María, y puso un huevo. Luego nace la criatura y todos creen que es un niño un poco rarito, se meten con él, y lo crucifican. Al final, cuando sube al Cielo, es una paloma, o sea, un pájaro, que es lo que era desde el principio. Vamos, que la Biblia es como el cuento del Patito Feo, lo que pasa es que la gente lo sacó de madre, y la cosa acabó como acabó.

Las jaulas

Viviendas exteriores muy luminosas

¡Ay, el amor a los animales!

De repente, alguien dice: «Yo soy un amante de los animales. Me gustan los pájaros: voy a meter uno en una jaula». Eso no tiene sentido alguno. Es como si encuentras a una persona que te gusta y le dices: «Te quiero, cásate conmigo».

Y, claro, al ver el pájaro allí metido, te sientes culpable. ¿Qué haces? Pues dices: «Voy a ponerle un columpio». ¿Un columpio a un canario? ¡Pero no ves que no tiene brazos! Es como si le pones una guitarra y le dices: «Además de cantar, toca». Es igual que la noria que ponen en las jaulas de los hámsters, eso a los hámsters no les gusta. Una noria, un columpio… ¿Pero qué quieren hacer? ¿Un parque de atracciones? Poner una noria en una jaula es como poner un tiovivo en la cárcel. Jamás un hámster se ha subido a la noria esa. ¿Por qué? Porque son un coñazo: si tuvieran gracia, las tendríamos en nuestra casa. Al hámster le hace más gracia morder cartón, o comer pipas, o mearlo todo.

Aquí me indigno: ¿qué tiene el pis del hámster para oler así, como a alfombra fregada con amoniaco? El hámster es el único animal que, cuando muere, huele mejor que cuando está vivo. ¿Cómo pueden mear tanto los hámsters? Está claro: les ponemos bebederos que no tienen proporción ni medida. Imaginad que, cada vez que quieres beber, en vez de un vaso de tubo te ponen un bidón del tamaño de una casa de tres pisos: te pasas el día bebiendo, porque si no, al día siguiente al agua le salen esas burbujitas que tiene el agua de las mesitas de noche. Y claro, los hámsters beben, y beben, y vuelven a beber, y los pobres se pasan el día meando en periódicos, para que empape bien. Si sabemos que los hámsters van a estar todo el día meando, ¡ponles un suelo de algo impermeable y pon un desagüe! Poner papel de periódico en el suelo de la jaula de un hámster es tan absurdo como tener un váter de moqueta. La gente dice: «¡No, pero es que cuando limpias la jaula, el papel de periódico es lo más cómodo!». ¡Pero si no la limpias nunca!

Mi hermana, que tuvo hámster, hacía lo siguiente: cuando los periódicos estaban sucios, ponía otros por encima, y ojos que no ven, corazón que no siente. El corazón no sentirá, pero la nariz estaba a punto de volverse loca. Y cuando volvía a estar sucio, lo mismo, otra capa de periódico. Era como un sándwich Vips Club. Queda como una estratificación geológica: capa sobre capa. Con el tiempo iba fermentando y lo de abajo se convirtió en combustible fósil. Un día los de Repsol vinieron a casa y le preguntaron a mi hermana cuánto pedía por la jaula.

Las jaulas de los hámsters son una guarrada, pero aún hay algún receptáculo de mascotas más humillante: las tortugueras, esa piscinilla con forma de riñón que tiene una palmerita. Vamos a ver: una tortuga es un animal vetusto y longevo. Ese animalito tal vez te duplica la edad: no lo puedes tener en un orinal. Es muy humillante para la tortuga estar junto a esa palmera que se nota que es falsa. A la tortuga no le hace ilusión. Si fuera un perro, a lo mejor la usaba para levantar la pata y mear…

¡Ay, la pasión por los animales!

El amor es así: «Quien bien te quiere te hará llorar».

Menos mal que hay pocos amantes de los animales, que si no, los extinguiríamos en un periquete.

Los tapices

Alfombras que se creen que son cuadros

Todos los capítulos de este libro intentan defender a algún pequeño objeto. Sólo hay tres excepciones: el mimbre, al que odio con todo mi ser, los crismas y los tapices, que ahora me ocupan, y que son una aberración evidente a los ojos de Dios.

Detesto los tapices. Me caen mal. No los soporto.

Los tapices son alfombras que se creen cuadros. Pero con un gran defecto. Y es que los tapices, a diferencia de los cuadros, son desmesuradamente gigantescos. Treinta metros cuadrados de tapiz... ¿¡Dónde vas!?

Además, son feos: grandes y feos. Si al menos fueran pequeñitos, dirías: «Son feos, ya, pero con su reducido tamaño no hacen daño a nadie». Yo creo que a nadie le gustan. Si os fijáis, en toda la Historia del Arte jamás nadie ha robado un tapiz. Ladrones de cuadros, los que quieras. Pero tú coges un tapiz del Palacio Real, lo dejas en la calle, ¡y no lo coge nadie! La gente se creería que es algo que ha quedado ahí de la boda del príncipe y Letizia.

Imagínate que robas un tapiz. Sales del Palacio Real corriendo, se te engancha un hilito en la puerta, y se te va deshaciendo todo como en el anuncio de Martini. ¡Llegas a tu casa y no tienes nada! Y, claro, la poli te encuentra enseguida, no tiene más que seguir el hilo. Y te detienen por tonto, por robar un tapiz.

En los museos intentan proteger los cuadros. Ponen un vigilante al lado, con pistola, no te dejan tocarlos, no dejan hacerles fotos. ¿Proteger un tapiz? «¡Haga usted fotos al tapiz... y límpiese las gafas si quiere!». Al tapiz le echan unas bolas de alcanfor y va que chuta.

A mí no me gusta escribir desde el odio, pero es que no los soporto. Van de elevados y de eruditos: «Soy un tapiz... Narro una cruenta batalla militar... Tengo bordado el blasón de una familia de alcurnia, cuidado».

El otro día quise reconciliarme con ellos y me fui al Palacio Real a verlos. Y el guía, un pesado:

—Miren, miren estos tapices que han sido confeccionados por la Real Fábrica de Tapices...

La Real Fábrica de Tapices por aquí, la Real Fábrica de Tapices por allá... ¿Qué pasa? ¿Que en la Real Fábrica de Tapices sólo hacen tapices? Al menos en la Real Fábrica de Moneda también hacen timbres.

El guía no callaba:

—Un tapiz puede tardar en elaborarse cuarenta años. Lo empieza un artesano y lo termina su nieto.

Anda que no tuvieron que reírse del tío al que se le ocurrió lo del tapiz.

—Amigos, voy a inmortalizar este frondoso valle.

—Vale. Te traigo unos pinceles, una lira, papel y boli... ¿algo más?

—No. Tráeme doscientos ovillos y vuelve dentro de cuarenta años.

Eso de que empiece un artesano y lo termine su nieto... hoy no podría suceder, porque los gustos estéticos cambian. Imaginaos *Las Meninas* en tapiz. Empieza el abuelo en los años setenta y las hace a todas con peinados tipo Concha Velasco de la chica ye-ye. Luego viene el hijo en los ochenta y les hace las chaquetas con unas hombreras como las de Vicky Larraz. Y a Velázquez con pantalones de pitillo. Y luego, veinte años después, termina el nieto en los noventa, y les hace los pies manga, como las botas de Shongoku. Y en vez de perro pone a Shin Chan. Eso no tiene razón de ser…

Ahora lo más parecido a los tapices son esos tapetillos de punto de cruz que hacen las madres. Un día llega tu madre con un tapetito de punto de cruz que pone «Luisito» y unos polichinelas. Eso es una ignominia. Eso no es un regalo. Eso es un chantaje emocional. Ese producto no es digno. Si fuera digno, lo venderían en las tiendas, pero no. Te venden sólo el material, para que lo hagas tú. Deben estar prohibidos; son como la droga: puedes tener para consumo propio, pero como te pillen vendiendo tapetitos, vas a la cárcel.

La gente me pregunta de dónde puedo sacar tanto odio hacia los tapices. Pues porque el odio no es más que un amor mal educado.

cambiará. Imaginaos: Los Vengadores en tapiz. Empezará el abuelo en los años setenta y las hace a todas con peinados tipo Concha Velasco de la época ye-ye. Luego viene el tío en los ochenta y les hace las chaquetas con unas hombreras como las de Vicky Larraz y [illegible] Velázquez y con pantalones de pitillo. Y luego, veinte años después, tu madre (la nieta) en los noventa, a ellos les hace los pies terminar como las botas de Shotokan. Y otra vez de pelo negro a Sam Chase. Eso no tiene explicación...

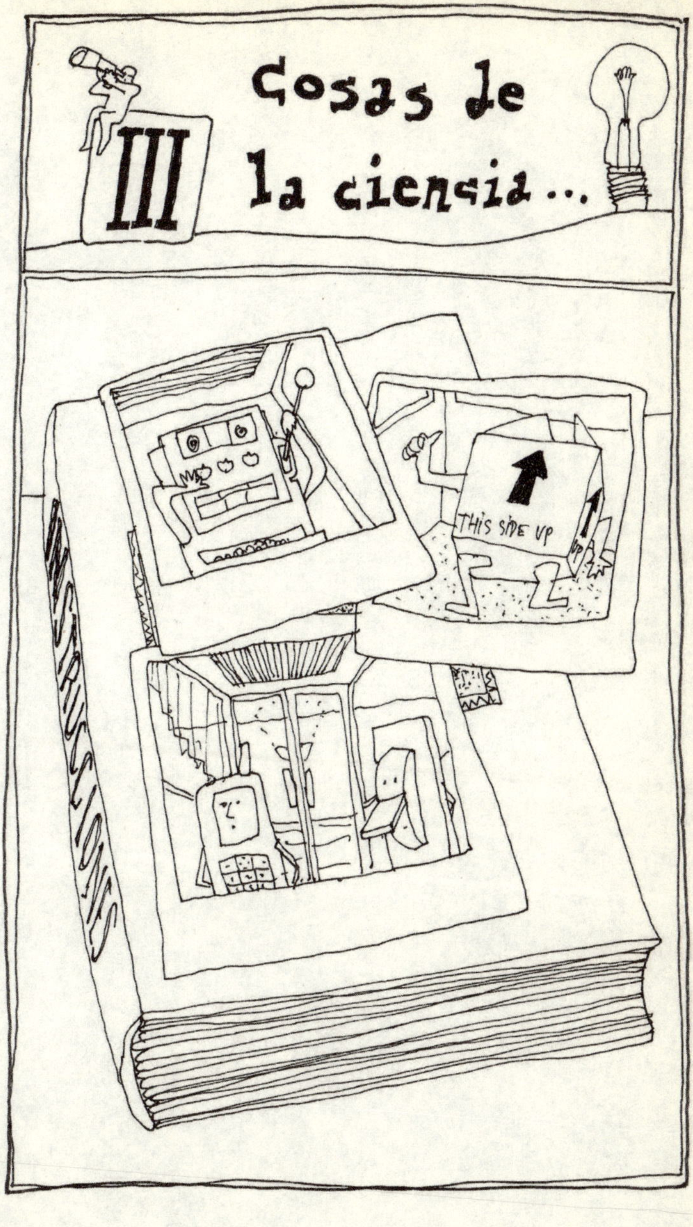
III
Cosas de la ciencia...
INSTRUCCIONES
THIS SIDE UP
UP

Los teléfonos móviles

¿Sueñan los androides con orejas electrónicas?

La tecnología va hacia atrás.

Para el ojo legañoso es difícil de ver, pero es como si hubiera una serie de científicos inteligentísimos trabajando muy duramente en empeorar las cosas, aunque sólo sea un poquitín.

Por ejemplo, antes, las películas se veían en el cine, y se veían bastante bien. Entonces dijeron: «Esto se ve muy bien, ¿cómo podemos hacer para que se vea un poquito peor?». Y se inventaron la tele, que sirve para que cada uno pueda ver en su casa una peli un poquito peor que en el cine.

Años después dijo otro: «Yo creo que se puede hacer que se vea un poco peor». E inventó el vídeo VHS. Que sirve para que, en cualquier momento, puedas ver una película un poco peor que en la tele y bastante peor que en el cine.

Y, claro, se crecieron.

Siguieron investigando y dijo uno:

—Chicos, se me acaba de ocurrir el DVD.

—Pero eso no vale, porque el DVD se ve mejor que el vídeo VHS, ¿no?

Pero él dijo:

—Tranquilos. Ya veréis cuando la gente empiece a bajarse las pelis de Internet y las vendan en la manta... ¡Esto se va a ver peor que el VHS!

En estos momentos hay una serie de técnicos trabajando en que podamos ver una peli por la pantallita del móvil. Eso es lo más. En cualquier momento y en cualquier parte del mundo podremos ver una peli muchísimo peor que el peor DVD comprado en la peor manta.

El móvil fue un gran invento en este aspecto. Al principio sólo servía para poder hablar peor que por un fijo. Tenía lo de la cobertura, lo de la batería... Ahora los móviles también sirven como cámaras de fotos. Se han roto mucho los cuernos para poner una cámara en los móviles con la que no se ve absolutamente nada, pero con lo mínimo para que se pueda seguir llamando cámara.

Ahora todo el mundo está contento porque tiene fotos que no se ven. Total, en la fotografía, que algo se vea es lo de menos. Las fotos digitales son otro invento para atrás. No es que hayan estropeado las fotos, es que las han exterminado. Ya no hay fotos. La gente no tiene fotos, pero creen que sí. Te vas a París con una camarita digital y haces doscientas fotos. Pero las fotos se quedan en la cámara. El inventor dijo:

—Se me ocurre una cosa... ¡Que imprimirlas cueste una pasta!

Entre la impresora, el cartucho de tinta, el papel especial... Al final te sale más barato comprar la torre Eiffel.

El genio de la técnica consiguió, además, que la impresión se vea peor que las fotos de carrete, y no sólo eso, sino que cada día que pase se vean peor, que amarilleen como la lejía.

Otra cosa que tienen los móviles es Internet. Otro invento que demuestra que la tecnología va rara. Antes tenías que hacer un trabajo sobre Rómulo y Remo, te ibas a la enciclopedia y te salía un trabajo la mar de chulo sobre los fundadores de Roma. Ahora tienes que hacer un trabajo, pones «Rómulo y Remo» en Internet... y te sale un trabajo la mar de chulo sobre saunas gays en Madrid.

El móvil ha cambiado mucho nuestros comportamientos. Nos ha hecho bajar el listón de la calidad. Nos conformamos con menos. La gente ya no necesita linternas, uno llega tarde al cine y busca la butaca con la luz del móvil. Eso no es digno. Tú miras a un tío que usa el móvil como linterna, y dices: «A ése le va a sonar». Y no falla. En medio de la peli «tiririí, tiririí, tiririí». Lo terrible es que sabes que eso va a ir a peor. En ese momento está sonando poco porque está en el bolsillo del abrigo, pero cuando lo saca... «¡Tiririí, tiririí!». ¡Y el tío contesta!

—Oye, que no puedo hablar que estoy en el cine... ¡En el cine! Una de Bruce Willis. Sí, *El sexto sentido*... ¡No me digas que al final el tío está muerto!

Los móviles han cambiado nuestros comportamientos. La gente ya no lleva reloj: lo lleva el móvil. La gente ya no usa despertador: se despierta con el móvil. Te metes en la cama, ves que te queda una rayita nada más de batería y te duermes acojonado.

Y lo más impresionante es que el móvil es como una nueva moral, como una conciencia extra. Cuando estás hablando mal de alguien a sus espaldas, compruebas que no tengas el móvil conectado, por si acaso está llamando. Es como si nos espiara.

La tecnología nos permitirá ir a cualquier parte cuando ya no tengamos sitios a los que ir. Cierto. Y allí, sea donde sea, podremos disfrutar en cualquier momento de una película que se vea como el culo, con cierto esfuerzo.

Los interruptores

Demos paso a la corriente

Algo divino tienen los interruptores, ya que nos iluminan con sólo tocarlos.

Son criaturas de Dios. Lo dice la Biblia: cuando no existía nada, ni los mares, ni el chope, ni el asma, ni nada... y sólo estaba Dios haciendo el mundo, lo primero que dijo fue: «Hágase la luz». O sea, que le dio a un interruptor. El origen del universo fue un gran interruptor.

Y se hizo la luz.

Y, claro, al principio, en el Paraíso, tenían todo encendido el día entero: el aire acondicionado, la licuadora para hacer zumos de frutas... excepto de manzana, etcétera. Claro, llegaban unas cuentas de luz impresionantes. Y dijo Dios que de eso nada, que había que poner interruptores, unas cosas para encender y apagar. Un invento muy de Dios, como esas velitas de las iglesias que hay que echar moneda, que enciendes y pagas. Por eso, desde antes de Dios, les tenemos manía a los interruptores.

Pero son importantes.

Todo electrodoméstico que se precie tiene un interruptor: la lavadora, la batidora, la cafetera... Es como el ombligo de los electrodomésticos. Y los hay para adentro, como el del lavaplatos, y los hay para afuera, como el del flexo… Yo tenía un lavaplatos muy artista que se puso un piercing en el ombligo y lo mandamos a Eurovisión. Quedó segundo.

Sólo hay un electrodoméstico que no tiene interruptor: la nevera. Las neveras no tienen interruptor, te las venden ya encendidas.

Es mejor así, porque los pobres interruptores están sujetos a todo tipo de humillaciones. Por ejemplo el del aspirador, el más pisoteado de todos. O el de la lamparita de la mesilla de noche. Como está colgado, haciendo puenting, para encontrarlo tienes que cachear a la mesita de noche. Era peor antes, cuando las lamparitas de noche estaban en el cabecero de la cama, y en vez de interruptor tenían una cadenilla. Tirar de la cadena antes de dormirte… ¡qué sensación tan rara!, ¿no? Es lo que debía de sentir Sardá antes de irse a la cama.

Otra cosa humillante: lo de los ordenadores. Vamos a ver: ¿a quién se le ocurrió la idea de ponerles el interruptor ahí atrás? Parece que le estás metiendo mano. Y, claro, después de todos estos tratos vejatorios, los interruptores tienen mogollón de traumas. Por ejemplo, la luz de la cocina tiene un problema de timidez que no es normal. Le das al interruptor y el fluorescente no se enciende al momento: se lo piensa, hace «tinc, tinintit, tinc, tinc». Tiene un trauma.

Los interruptores de los servicios públicos, esos que se encienden y se apagan enseguida, debe de ser que tienen miedo. Y a nosotros no nos vienen bien, porque el cuarto de baño de un bar es un terreno resbaloso, no conviene andar con prisa. Y lo peor es que pasa lo mismo en los de los minusválidos. Imaginaos al pobre Hawking, que se sienta allí y se le va la luz: «Bueno, pues a ver si hay un Big Bang o algo».

Porque Hawking no se cree lo de que Dios pulsó el interruptor. Él tiene su propia teoría de que, más que un interruptor, aquello pegó un chispazo que hizo *¡Big Bang!* y se fundieron los plomos. Ése sí que es el interruptor de los interruptores, el interruptor que manda más que Dios.

Los plomos sí que son el ombligo de todos los aparatos. Con ellos se apaga hasta la nevera. Y es como volver al origen del universo, a antes del Big Bang. Es todo muy bíblico, porque si Big Bang lo lees al revés, muy deprisa, es «Bam Bi», que es un ciervo al que se le murió su madre; y cuando se va la luz pasa algo muy parecido: te das cuenta de la falta de alguien que siempre había estado a tu lado: la nevera. Ya te habías acostumbrado a su runrún, y de repente hace: «Tiqui, tiqui, tiqui, tsss…». Y es una paz, un sosiego… Es como volver a antes del origen del universo.

Sales a la escalera y el resto de los vecinos sí que tienen luz. Funcionan los ascensores, la luz del descansillo…

Los interruptores del descansillo son un peligro, son iguales que los timbres. Tienes que andar con ojo, porque llegas un día a casa a las cuatro de la mañana, descalcito para no hacer ruido, le das a la luz para ver la cerradura y *¡meeec!* Por eso, ahora a los interruptores de la luz les han puesto una lucecilla pequeña: para que sepas dónde están. Ahora viene mi pregunta: ¿dónde está el interruptor que enciende y apaga esas lucecillas rojas? Eso no lo sabe ni Hawking.

¡Pobres interruptores! No reparamos en ellos lo suficiente, y eso que ellos hacen lo posible por llamar nuestra atención. Se ponen cuatro juntos en una pared y cuando quieres apagar las luces no acabas de encontrar la combinación... Dos arriba, uno abajo, dos para abajo... Es como desactivar una bomba. ¿Y por qué? Porque a un desaprensivo se le ha ocurrido poner un interruptor que no enciende nada. Ese interruptor es una de las cosas que más mosquean del mundo.

Dios tenía un interruptor para encender el mundo, y ahora Bush tiene un botón rojo para apagarlo... No sé... ¿No podían haberle dado ese botón a alguien con estudios? Esperemos que, entre todos los defectos que adornan al señor Bush, también esté el daltonismo.

Los ascensores

Líneas de metro verticales

Los ascensores ejercen una terrible influencia sobre el ser humano: hacen que seamos peores personas. Cuando un humano se acerca a un ascensor, se vuelve desconfiado. Estás esperando el ascensor, llega un ejecutivo encorbatado, te ve a ti esperando delante de la puerta, ve el botón encendido, ¡pero no se fía, tiene que darle él otra vez! Te mira como diciendo: «Ya verás como a mí sí me hace caso»; y si en ese momento llega el ascensor, parece que ha sido gracias a él.

Te metes en el ascensor con ese señor y, ¿de qué hablas? Antes podías decir: «¿A qué piso va usted?», pero ahora ni eso, porque los ascensores tienen memoria. ¿Memoria? Si tuvieran memoria no habría que decirle cada día a qué piso vas. Se acordaría: «Piedrahita al séptimo, y el señor desconfiado, al cuarto». Si no hablas en el ascensor, ¿qué haces? Pues mirar al suelo y al marcador que dice por qué piso vas. El 3. ¿Cuál vendrá ahora? El 4. ¿Y ahora...? Nos volvemos tontos del culo.

Otra cosa que puedes mirar es el cartel que dice: «Impida que los niños viajen solos». Siempre hay un listo que tacha el «Im», para que se lea: «Pida que los niños viajen solos».

Y aquí hay una cosa que a mí me cuesta entender.

Un ascensor supermoderno, con pantalla de cristal líquido, botones con sensor térmico, luces halógenas... ¡Vamos, son ascensores tan tecnológicos que cuando le damos al botón no le damos normal: hacemos doble clic! Sin embargo, la mujer del cartel de «Impida que los niños viajen solos» va vestida de los años setenta. Lleva la minifalda y el pelo de Conchita Velasco cuando hacía lo de la chica ye-ye. Y lo peor es el niño, que va con un pantalón corto tipo *Cuéntame*. No es que los ascensores tengan memoria: es que tienen nostalgia.

No sé lo que pasa... El ser humano debe de tener una glándula que segrega un liquidillo que hace que nos volvamos tontos al acercarnos a un ascensor. Todos hemos hecho carreras de ascensores alguna vez, y es absurdo. Cada uno se mete en el ascensor, intentas salir a la vez, entonces el otro sale antes, a ti se te cierra la puerta, y dices: «¡No ha valido!». Y sales como diciendo: «Si hubiéramos empezado a la vez, ganaba yo... fijo». Pues no: si sale él antes, llega él antes. Si sales tú antes, llegas tú antes. Y si salís a la vez, llegáis a la vez, aunque hagas el truco de ir empujando la puerta, truco que hacíamos todos y que jamás funcionó.

Ahora no se puede hacer el truco porque hay puertas de seguridad homologadas. Para el que no lo sepa, «homologadas» significa «de las de mi *cuñao*». Se ve que el cuñado de un ministro tenía una empresa de puertas de seguridad y el ministro dijo: «Pues ahora, en todos los ascensores habrá una puerta de seguridad de éstas, de las homologadas».

Ya podía tener el cuñado del ministro una empresa de váteres, que eso sí que hace falta en un ascensor. Uno vuelve del trabajo, o del cole, se mete en el ascensor, aprieta el botón y es como pulsar el encendido de la vejiga. No sé cómo aguantaban los ascensoristas, estos señores que hay en los hoteles de tanto lujo que los clientes no pueden ni pulsar un botón...

Y yo aquí tengo otra pregunta: ¿cómo se diferencia un ascensorista bueno de uno malo? No lo sé. ¿Tú le dices: «Lléveme al sexto», y él te dice: «Conozco un atajo»?

No lo sé.

En otros hoteles, más modestos, los ascensores también son sitios raros. Están decorados con fotos del restaurante y del menú. Eso no tiene sentido; por esa regla de tres, en el restaurante debería haber fotos de los ascensores.

Hay muchas preguntas sobre ascensores que tienen en jaque a los principales científicos del planeta: ¿por qué hay un pasamanos dentro? ¿Por qué nos vemos tan guapos en los espejos de los ascensores de los hoteles y tan feos en el espejo del ascensor de casa? ¿Por qué pone lo de «máximo cuatro personas» si nadie hace caso del peso? Lo que importa es el volumen:

—¿Cabemos o esperamos?

—Yo creo que cabemos todos.

Son interrogantes que se van a quedar sin respuesta, porque cada vez que pensemos en un ascensor, nuestro cerebro segregará el liquidillo y nos volveremos tontos.

Los manuales de instrucciones

Ellos nos dirán lo que hemos de hacer

Los manuales de instrucciones son uno de los géneros literarios menos cultivados. Mi consejo para los amantes de la lectura es que se compren una tele nueva. (Pero para los que la aman de verdad, no para los que sólo quieren llevársela a la cama y luego quedarse dormidos).

Que se lean el manual de una Panasonic Quintrix con Digital Scan: ¡eso sí que es una lectura densa! Es la cosa que menos apetece leer del mundo. Tienes delante una tele nueva y un manual del tamaño de un bidé. Te apetece jugar con la tele; lo último que quieres es ponerte a leer un tocho que parece el temario de una oposición. Se te plantea la duda: «¿Me leo las instrucciones de la tele o me hago notario?». Por eso casi todos los notarios no ven la tele. No es que no les guste, es que tuvieron que elegir y ahora no saben cómo encenderla.

El manual de instrucciones de un teléfono móvil es como un libro de Stephen King, y la putada es que las hojas son como de papel de fumar. En el tiempo que te estudias las instrucciones del móvil, te sacas la carrera de «Teleco» y te haces tu propio teléfono.

La razón de ese grosor es que viene en quince lenguas: en GB, E, NL, DK, GR, SF, TR... Gracias a ello, aprendemos idiomas y sabemos que «instrucciones de seguridad» se dice «safety notes», «conseils de sécurité», «medidas de segurança», «suggerimenti per la sicurezza», «sicherheitshinweise», «aanwijzingen voor veiligheid»... También hay un idioma a base de circulitos tachados, tridentes, el símbolo del boro... Es el idioma en el que vienen los productos del Dia.

Los manuales de instrucciones son como la Piedra de Rosetta. La gente se cree que aquella piedra es un edicto del año 200 a. C. en loor de Ptolomeo V... De eso nada... ¡La Piedra de Rosetta es un manual de instrucciones! Viene en jeroglífico, en demótico y en griego. ¡Como los manuales de instrucciones! No sé cuál, pero el idioma de los alimentos del Dia es uno de esos tres.

Leer un manual de instrucciones es tranquilizador. Antes de comprar la tele estás en el Carrefour todo indeciso: «¿Me compro la Panasonic o la Philips? La Philips, la Panasonic... ¡Va, la Philips! No... mejor la Panasonic...». Luego llegas a casa preocupado: «¿Habré acertado?». Abres el manual de instrucciones y pone: «Enhorabuena por haber adquirido este excelente producto Panasonic». Y tú: «¡Bufff, menos mal!». ¿Os imagináis que hubiera comprado la Philips? Abres el manual y te pone: «¡Oooh...! ¡Mecachis! ¡Tenía usted que haberse comprado la otra...!».

El texto continúa: «Enhorabuena por su compra [...]; somos una empresa que está orgullosa de usted [...]; estamos en Sacramento, California y...». Y pone otras cosas que nadie ha leído jamás porque todo el mundo se las salta. Es una pena, porque es la parte en la que loan a Ptolomeo V.

Después pasa a un tema práctico: cómo ponerle las pilas al mando. «Vale, me lo sé», y te lo saltas. «Encendido», te lo saltas. «Subir volumen, cambiar de canal...». ¡Te lo sabes todo! Vas pasando hojas hacia delante hasta que pone «sintonización Q-link, fliker VCR, AV2...». ¡A ver si es que me he pasado a otro idioma! Y retrocedes: «Subir volumen a través del VCR...». ¿Qué coño es el VCR? Vas para atrás, para atrás, y otra vez: «Enhorabuena por haber adquirido este excelente producto Panasonic».

Te ves forzado a empezar de cero, poco a poco, pero sin leer, fijándote en los dibujos. El problema es que los dibujitos sólo explican las cosas más obvias. Ilustran las cosas que tal vez no sepa alguien que no sabe leer, como, por ejemplo, «para conservar la calidad de sus cintas... no las tire al fuego», y te dibujan una cinta de vídeo... triste, porque la han tirado al fuego. «Si las pilas sueltan un líquido viscoso y amarillento, no lo ingiera», y el dibujo de un señor tragándose una pila, tachado. Hay un dibujo de unas bombas cayendo sobre gente que no sabe de qué va la cosa, también tachado. Para que, aunque seas de Texas, lo puedas entender.

Todo lo que tiene botones tiene manual de instrucciones. Hasta las camisas, sólo que lo llevan cosido: «Lavar a mano, máximo 30 grados, no usar lejía, secado corto...». Y luego aparecen unos jeroglíficos que son un cubo, un triángulo tachado y un círculo dentro de un cuadrado. ¡Porque viene en egipcio también! ¿Veis como es la Piedra de Rosetta?

En los manuales de instrucciones, las últimas páginas tienen lo más curioso: las posibles averías. Es el triunfo de la evidencia: «Si el taladro no funciona... comprobar que esté enchufado». «¡A que va a ser que no estaba enchufado!». ¿Y a este señor le dejan tener un taladro? El mensaje tendría que ser: «Si el taladro no funciona, déjelo ahí, que no pasa nada».

Finalmente, cogemos el manual de instrucciones y lo metemos en una carpeta, o en un cajón donde están todos los manuales de instrucciones de todo lo que hay en la casa. El de la tele, el de la batidora, el del microondas, el de la lavadora... éste, no sé por qué, pero viene en una bolsita. Debe de ser para que no se moje si la lavadora se enciende dentro de la caja y se pone a lavar sola.

¿Para qué guardamos los manuales de instrucciones? ¿Por si un día se nos olvida cómo funciona el microondas? No, los guardamos porque son lo más parecido a la Piedra de Rosetta que tenemos hoy en día, y si algún día se extingue nuestra civilización, los arqueólogos podrán traducir nuestros periódicos, y las noticias de hoy, con el manual de instrucciones de una lavadora. Portémonos bien para que, cuando los señores del futuro lean nuestros periódicos, no se nos caiga la cara de vergüenza.

Las fotos

¿Y si un día se rebelaran?

¿Qué pasaría si un día las fotos se rebelaran? Con la moda de lo digital, las fotos se han aburguesado y ya no se revelan. Antes era mejor: ibas a recoger las fotos y las tenías que ver delante del de la tienda. Es lo normal, te las acaban de dar, no puedes esperar a llegar a casa.

El problema es que el pobre señor de la tienda se tenía que tragar unos tostones… Porque todas las fotos del mundo son iguales, y a ti te harán mucha ilusión, pero es que él ya las ha visto, ¡que las acaba de revelar!

Y el pobre tiene que fingir:

—¡Huy!, ¡qué divertido! Una persona enterrada en la arena…

—¡Qué original! Un perro con gafas de sol, me voy a morir de risa.

—En ésta salís muy bien…

Eso dice, pero en realidad está pensando: «Estáis muy bien… tú, que no se te ve, y otra figura, que no se distingue quién es, delante de un inmenso monumento que parece la catedral de Santiago». Esas fotos son como una postal, pero mal hecha. La única diferencia es que tú sales ahí, pero como no se te reconoce…

Y como al de la tienda le toque un carrete de fotos monográfico de un bebé, lo lleva claro. Treinta y seis fotos de bebé en cuna. Con bebé y cuna las posibilidades son pocas:

—¡Ay! ¡Qué mono el bebé! ¡Ay! ¡Qué mono aquí dormidito otra vez...! ¡Ay! ¡Y aquí...! Y aquí también dormidito... ¡Ay! ¡Qué coñazo! ¡Pellizcadle, que llore, que haga algo!

Y efectivamente: la última foto del carrete siempre es el bebé llorando. Las fotos de bebés son sólo de dos temas: o bebé dormido o bebé llorando.

Y no me extraña. En el Prado no te dejan sacar fotos a los cuadros porque los puedes dañar. Tú, en quince minutos, le sacas treinta y seis fotos a un bebé... Esa criatura ya va marcada para siempre. Los que retratan tanto a los bebés deberían retractarse.

Cuando nos vamos de la tienda, el pobre tendero está hasta el moño, y se venga regalándonos ese álbum de mierda. Me acuerdo de cuando llegabas a casa con la carpetilla alargada que tenía un sobre para los clichés, era como algo muy místico: ¡los clichés, los negativos...! «¡Son lo más importante! ¡Hay que cuidarlos, porque si no, luego no se pueden hacer copias...!».

Pero ¿para qué quieres copias? ¡Si tienes al bebé treinta y seis veces repetido! Además, hay una frase que debería estar prohibida porque nunca se cumple: «¡Luego hago yo copias y ya os las mando!». Que quede escrito: jamás en la Historia de la Humanidad alguien ha hecho copias y las ha mandado. Es como la frase: «Este año voy a estudiarlo todo desde el primer día». ¡Jamás!

Ahora, con las fotos digitales, sí. Te las mandan al mail y te colapsan la cuenta. Antes era más divertido, la gente se sentaba en corro, se las pasaba, todo el mundo ponía los dedazos, quedaban las huellas... ¡Eso sí que eran fotos digitales!

Lo peor de las fotos es el momento de hacerlas. En ese instante nos volvemos tontos. Estás de viaje de estudios con unos amigos en Trafalgar, y de repente algo se te pasa por el cerebro que te hace decir: «¡Venga! ¡Poneos, que os saco una foto!». Acabas de firmar tu sentencia de muerte. Acto seguido, se oyen las siguientes frases terribles:

—¡Espera!, ¡saca otra con la mía!

—¡Y con la mía!

—¡Y con la mía!

Al final, te cuelgan setenta cámaras. Pareces un árbol de Navidad, todo lleno de cosas colgando. En una situación así de terrible, está justificado mentir: «No os preocupéis. La saco con la mía, luego hago yo copias y ya os las mando».

Hay otra cosa muy curiosa que pasa cuando dos personas deciden hacerse una foto. Se juntan las cabecitas, de buen rollo, es como un pique a ver quién es más alegre: los dos sonriendo. Bueno, los tres, porque sonríe hasta el que hace la foto, aunque no vaya a salir... Y en cuanto sale el flash... se separan como por resorte, como si se dieran asco.

En las fotos, salir con otra persona te ayuda a sonreír. Por eso en la foto del DNI nadie sale bien, todos tenemos cara de mal tipo. Y por eso cuando la gente te coge el DNI, ¿qué te dice?

—Sales con cara de etarra.

—No, lo que pasa es que los etarras que tú conoces tienen todos cara de foto de carné…

La poli debe de hacerlo a propósito. Fijo que tienen un filtro para que salgamos con cara de peligrosos; más que nada, por si hay que hacer carteles de «Se busca». Imaginaos que luego atracas un banco y reparten fotos con cara de primera comunión. Pues nadie te busca.

Los embalajes

('This side up')

Una gran injusticia social rodea a los embalajes.

Cuando mandamos por correo algo frágil, lo embalamos para que no se dañe. Si un almacén te manda un ordenador, te lo envían protegido con porexpán... Pero cuando el almacén compra porexpán a la fábrica... ¿con qué lo embalan para que no se dañe? ¡Con nada! ¡Lo mandan a pelo! «No, como es para proteger, pues...» ¿Y qué? Cuando compras un casco de moto, viene envuelto en embalaje... que es para desconfiar, se supone que es un producto preparado para soportar los golpes: debería ir la caja dentro del casco. Como cuando en un paquete de preservativos lees: «Manténgase en un lugar fresco y seco». Pues para lo que yo tenía pensado... ni lo uno ni lo otro.

El embalaje no viene embalado. Cuando lo envían al almacén es como si estuviera haciendo horas extras. Por eso el pobre porexpán... Bueno, lo llamamos «porexpán» como si lo conociéramos de toda la vida... Su verdadero nombre es «poliestireno expandido». Pero al porexpán, por cómo lo tratamos, deberíamos llamarlo don Poliestireno Expandido. Él, para vengarse, hace lo único que puede: darnos grima y no acabar de parecerse a la nieve. Año tras año arruina nuestros belenes... En mi casa, las Navidades son un drama:

—¡Es que los copos de nieve son tan grandes como la cabeza del Niño Jesús!

—Es lo que tenemos, hijo, es lo que tenemos.

El ser humano ha tenido que inventar embalajes alternativos, como los *crequitos revenidos.* Me refiero a los que son color crema, con forma de habichuela plana. No dan grima, y a nadie se le ocurriría echar eso por los tejados del belén, pues, en vez de una nevada, parecería que ha caído una fabada. Y la Virgen María, encorvada y con la capucha, parecería la abuela del anuncio de Litoral.

Cuando veo uno de estos embalajes, ya sé que es un *crequito revenido*, ya sé que tienen menos sabor que el caldo de un asilo... pero es como el extremo de arriba del lápiz: aunque no sea comestible, no puedo evitar morderlo.

Otra versión del *crequito revenido* es la «ese de espuma blanca». Son como churritos de merengue o nata, como los embellecedores de una tarta de boda. ¡Qué obsesión hay por embalar con cosas que se parezcan a comida! Y es decepcionante, porque si los muerdes, no crujen.

Otro embalaje con forma de comida, aunque más humilde, es el papel que se parece a las Ruffles onduladas. Lo ponen para proteger el cilindro de galletas del Príncipe de Beukelaer, y es más comestible, porque viene manchado de chocolate.

Luego está el embalaje que consta de cintas de papel muy finitas... Está claro que son espaguetis. Te llega una fuente de Lladró, y debería poner: «Esta caja contiene:

una fuente de Lladró modelo Danubio y espaguetis para doce».

Es curioso, los espaguetis son para envolver sólo la porcelana de primera división: Lladró, Sargadelos, Bidasoa... La cerámica de segunda va envuelta en papel de periódico. El papel de periódico es el embalaje de las clases proletarias. Es para embalar bocadillos, pescado, cosas de una mudanza... y ciclistas. En los puertos de montaña los ciclistas bajan tan rápido que se embalan, y lo hacen con papel de periódico.

La gente se vuelve loca por embalar con cosas que parecen comida y se les ha pasado el mejor de los alimentos: el pan Bimbo. Yo, para mandar un CD o un disquete, no me fío del sobre con burbujitas. Lo mejor es hacer un sándwich: loncha de pan Bimbo, el CD y loncha de pan Bimbo. Lo metes en un sobre y llega perfecto. Hay que avisar, porque si le llega a uno que no lo sepa, se cree que es un sándwich y se lo come. Y un sándwich de jamón de Björk, pase, pero uno de Bustamante te hace úlcera.

Las máquinas tragaperras

Un avance en la dirección equivocada

Las máquinas tragaperras son seres indescifrables.

Son una especie de mueble misterioso que hay en los bares, con un montón de lucecitas, como si fuera un cruce entre una nevera y un árbol de Navidad. Es como una nevera tuneada. Está en un rincón, en el ángulo oscuro, y, de repente, cuando a ella le apetece, sin que nadie se lo pida, hace: «Tiru, tiru, tirurí, tiru, tiru, tirurí, tirirú, titititi». Y se calla. Es un misterio. Pero un misterio de fascinante índole. De hecho, yo creo que uno de los misterios de Fátima es cómo se juega a una máquina tragaperras. Eso sólo lo saben unos cuantos iluminados. ¿Dónde están las reglas escritas?

Para empezar, hay una especie de ruedecilla con frutas y hay que conseguir que coincidan. Vale, eso es como el «tres en raya», pero con frutas. Pero ¿qué azarosa ley rige qué fruta vale más? ¿Por qué la piña es una fruta más valiosa que la sandía o que las fresas? Digo yo que dependerá de si las fresas son de invernadero, o si la fruta morada que sale está en temporada o no. Otro enigma: la fruta morada, ¿qué fruta es? ¿Esa fruta existe? Porque es como azul... Y si existe, ¿se come? Si os paráis a pensarlo, es la única comida azul que hay en el universo.

Son frutas muy exóticas, ¿no? Yo me imagino que, por una regla de tres, en los países exóticos las máquinas tragaperras llevarán dibujados torreznos, churros, gallineja... Y, claro, ¿qué es más?, ¿tres torreznos o tres churros?

Algunas máquinas tienen arriba otro juego, un bombo de bolas tipo bingo, con unos dados... Yo creo que el último misterio de Fátima revela cómo jugar a eso. De hecho, las máquinas tragaperras, de vez en cuando, hablan con una voz del más allá. «¡Premio!», «Avance. Uno, dos, tres...». Yo creo que Jesús no le dijo a Lázaro: «Levántate y anda». Creo que le dijo: «Avance. Uno, dos, tres...».

Hay otra cosa que demuestra que estas máquinas tienen origen divino: nunca se estropean. ¿Habéis visto alguna vez una tragaperras con un cartel de «No funciona»? Jamás. ¡Porque están hechas como Dios manda! Las hacen a imagen y semejanza de Dios. Aunque eso querría decir que Dios tiene reposapiés y cenicero, y eso no mola.

Esas máquinas son un enigma inaccesible. Sólo hay una máquina tragaperras que se entiende: la que consiste en una montaña de monedas y una pala que las empuja hasta el borde. Eso es muy sencillo de comprender: se basa en que la gente dice: «Yo tengo un pájaro en mano... y ahí hay ciento volando. Voy a echar». Esa máquina desafía todas las leyes de la gravedad. Ves las monedas y dices: «Es imposible que no se caigan». ¡Están levitando! Pues no, están pegadas. El juego no consiste en echar moneda y tener premio, consiste en darle un castañazo a la máquina sin que te pille el dueño.

Las tragaperras son útiles, dan un servicio a la sociedad aunque estén apagadas. Por la noche sirven de posavasos y de perchero para poner los abrigos. También son uno de los negocios más rentables que hay. Seguro que Franco, el de los recreativos Franco, está forrado. Pero yo no me cambio por él. Sí, es rico, ¿cuánto dinero puede tener? ¿Mil millones de euros? Vale, sí, pero todo en monedas de veinte céntimos. Eso es una putada, sólo te sirve para jugar a la máquina.

Yo desaconsejo jugar porque puede ser peligroso. Tienes un problema cuando alguien te dice: «Oye, deja de jugar, que te vas a hacer ludópata», y le respondes: «¿Ludópata yo? ¿Qué te apuestas a que no?».

IV
cosas del ocio ...

Los juegos de playa

Aunque tienen asas, no hay por dónde cogerlos

Habría que prohibir el verano.

Como hace calor, la gente seria se coge vacaciones, y bajamos el listón hasta el punto de que el listón deja de ser un listón para convertirse en una raya de tiza pintada en el suelo. En invierno, a nadie se le ocurre, por ejemplo, comer en un restaurante que tenga en la puerta las fotos de los platos combinados. Pero en verano… como que bajamos el listón.

Exigimos muy poco a los artículos veraniegos, sobre todo, a los juguetes de playa: el cubo, la pala y el rastrillo vienen envueltos en una red como si fueran patatas. Son un cúmulo de despropósitos.

El cubo, para empezar, parece que sirve para llevar arena de un sitio a otro, o para llenarlo de agua y mojarle los pies a la abuela… Pues no, lo llenes de lo que lo llenes, el asa no aguanta ni quince segundos. Aunque no lo llenes de nada, el solo peso del aire ya rompe el asa del cubo. Por eso lo venden todo envuelto en una red, porque como lo agarres por el asa, con la pala y el rastrillo dentro, se te rompe en la misma tienda. El cubo queda relegado a un único uso: hacedor de flanes. Bueno, y tambor: dándole con la pala. La pala sirve para coger arena y dar al tam, tam, tam. Pero ¿para qué sirve el rastrillo? ¿Para rascar la espalda a la abuela? Ya que no le refrescas los pies, pues le rascas la espalda, y que se relaje.

¡Manda narices...! El verano es para relajarse y al pobre niño le dan una pala, un rastrillo, ¡y a cavar zanjas en la playa! Sólo falta que le den un botellín de Mahou. Y para que parezca lúdico, dentro de la redecilla vienen una especie de moldes de repostería con motivos marinos: un pulpo, una estrella de mar, una sirena... Y que no salen nunca. Lógico: ¿sabéis cómo funciona un molde de repostería? Para que saliera la sirenita, habría que untar el molde con mantequilla. Yo lo hice una vez en mi casa, en La Coruña, y parecían galletas. Eran otros tiempos... galletas en las playas, todos tan relajados... Pero después del *Prestige* ya no está el horno para bollos.

Una de las cosas que más me cuesta entender es lo de las cosas hinchables. Ya lo hay todo: orcas, cocodrilos, manos, mujeres con cara de susto, bolis Bic... ¡Todo! Hay hasta teléfonos móviles hinchables. Me imagino yo a las madres gritando a sus hijos: «¡No os vayáis tan a lo hondo, que no hay cobertura!».

La ciencia de lo inflable ha llegado lejísimos, pero aún no han encontrado la manera de quitar ese borde cortante, esa costura que tienen las colchonetas. Vas tumbado, nadando con los brazos, te los corta, y se te van al fondo del mar. ¿Y cómo vuelves? Eso no puede ser tan difícil de quitar. Mi madre lo hace cuando cose los calcetines. Se hace la costura y luego se le da la vuelta. Podéis decir: «No, es que está hecho a mala leche por un supervillano que quiere destruir el mundo». Vale, pues entonces que lo ponga de metal, que con el agua se oxida y, además de cortarte los brazos, te mata de tétanos. Yo he estado investigando y creo que el responsable del borde cortante es el mismo que inventó los flashes, esa golosina que se congela y se chupa, y que te raja la boca por las comisuras dejándote con una sonrisa como la raja de un culo.

Hay un juguete de playa que, por cómo está hecho, puede valer para cualquier cosa menos para jugar en la playa: el balón de Nivea. Es imposible jugar al fútbol o al voleibol, porque sirven sólo para una patada. En cuanto le das, ya no para nunca, hasta que otra familia lo encuentra. Y le dan una nueva patada y ¡hala...! Yo creo que debe de haber sólo seis o siete balones de Nivea en el mundo, lo que pasa es que van pasando de familia en familia.

Por eso, desde estas líneas, pido balones de Nivea un poco más pesados, colchonetas hinchables sin bordes cortantes y cubos con asas más resistentes.

Hemos estado trabajando todo el año y creo que nos lo merecemos.

y además [illegible] que [illegible] mentimos. Yo creo [illegible] la [illegible] los libros [illegible] humo [illegible]. Hay [illegible] ha hecho, puede [illegible] el valor [illegible] sueño [illegible] pero [illegible] otra [illegible] el mundo [illegible] de [illegible].

[illegible] inextinguibles en [illegible].

Juntos [illegible] y [illegible].

Los pasatiempos

¿Qué pasa con todo ese tiempo que pasa?
¿Se pierde?

El otro día entro en mi casa y veo a mi portero —en la portería— muy concentrado con un cuadernillo de pasatiempos.

—¿Qué tal, Jesús? ¿No prefieres leer un libro normal? No sé… algo de Lucía Etxebarría…

Y levanta la cabeza, me mira fijamente y me pregunta:

—«¿Ninfa acuática del paraíso de Indra, en la mitología hindú?».

—¿Qué?

Y dice:

—Seis letras… ¡Claro! *¡Apsara!*

Una persona que sabe eso se lo sabe ya todo. Por eso no lee un libro normal, porque ya los ha leído todos. Necesitan pasatiempos porque ya lo han hecho todo en la vida, han viajado, han estudiado aldehídos anísicos, se saben los meses del calendario hebreo… Cada vez que paso por delante de mi portero, me dice:

—¡Eh! A ver si nos peinamos…

Dice eso para que lo entienda yo. Si quisiera, podría decirme:

—¡Eh! A ver si tañes esa cabellera con un cepillo de cerdamen hirsuto.

He comprado un cuadernillo de crucigramas. Lo más curioso de estas revistillas son las portadas, porque ¿qué portada le pones a una de estas revistas? Si la revista fuese de motos, pues una moto. En el *Jara y Sedal* ponen un silbato para ir al rececho de la perdiz. Pero... ¿en una revista de pasatiempos? En la mía han puesto una señora haciendo piragüismo, que no tiene nada que ver con nada, pero al menos bonito tampoco es.

Dentro hay sopas de letras. Tanta sabiduría y tanta cultura, pero vienen sin un solo acento. «Utensilios del hogar: *telefono*, *video*, *lampara*...». Lo harán así para relajar la mente, como lo de unir los puntos: una serie de dispersos puntos numerados, y hay que unirlos con el boli. ¿Cuál es ahí la dificultad? ¿Saber contar? Además, parece que lo hacen con recochineo: «Descubre la figura secreta», y se ve una nube de números sobre un lago, rodeada de patos y con pico de pato... ¿Qué será?

No hace falta irse a estas revistas: en los periódicos también hay pasatiempos. Lo que más me intriga de los periódicos son los dibujos de Laplace de buscar las diez diferencias. Este señor lleva toda la vida dibujando, pero no aprende. Hace un dibujo, le queda perfecto, pero luego lo intenta repetir y la caga por todas partes. Mejor para él, porque el día que lo clave, lo despiden. Y no es fácil encontrar las diferencias. Primero pones un ojo en cada dibujo... que el pobre Laplace los tiene que tener ya como el Dioni. Te quedas mirando al señor cazando mariposas... y encuentras enseguida los primeros cuatro errores, pero los otros... Te mueres por saber dónde están. El problema es que en el periódico te viene la solución del día anterior, en pequeñito, que parece que lo han tiroteado. Es como Bush: si hay un error, se tapa con un disparo. Como no vas a esperar al día siguiente para mirar la solución, lo que hago yo es recortar los dibujos, poner uno encima del otro al trasluz y ya está.

Una de las cosas más terribles de los pasatiempos son los jeroglíficos. ¿De qué van los que hacen los jeroglíficos? ¿El señor Ocón de Oro se ha vuelto loco? Se ven unas flechas, una «A», una «D» y un «1». Y pregunta: «¿Cómo recibieron las palabras de Juan?». ¡Y a mí qué me importa! ¡Me voy a poner a descifrar todo eso para saber cómo recibieron las palabras de Juan! ¡Si no sé ni quién es Juan! El problema del jeroglífico no es que sea difícil, es que no interesa.

Pero, por si hay alguien interesado, hay tres cosas que, si te las sabes, te sirven para resolver todos los jeroglíficos del mundo: la tabla periódica, los números romanos y las siete notas musicales. Alguna de estas tres cosas cae fijo.

Aún menos nos interesan las partidas de ajedrez a medias. Aparecen unas fichas de ajedrez y dice: «Negras juegan y ganan». Pues vale, ya está hecho. Es que te da pereza: «Blancas mueven y dan mate en dos». Por mí como si las matan a todas.

Pero lo más interesante de estos cuadernillos de crucigramas es que sólo al final sabemos si lo hemos hecho bien o mal. Como en la vida. La única diferencia es que, en uno de los dos, la gente hace trampas.

El verano

Un periodo del año que es tío

El verano no lo inventó Dios. Él se fue de vacaciones y el verano se lo encargó a otro, al becario. Si os fijáis, el verano está lleno de fallos tontos.

Dios no habría puesto un calor tan infernal. Y los pobres curas, de negro de la cabeza a los pies…

—¡Se me ha aparecido la Virgen! ¡Se me ha aparecido la Virgen!

—No, a ti te ha dado una insolación.

Y el Papa, de blanco. Claro, como es el jefe. ¿Por qué no les hacen a los curas un traje de verano? Podría ser igual, pero de manga corta y pantalón corto. Claro que… parecerían árbitros, verían a una chica en *top less* y silbarían con el pito:

—¡Blasfemia! ¡Fuera del área…!

Otro fallito tonto del verano son los mosquitos. ¿Para qué sirven los mosquitos? ¿No podríamos prescindir de ellos? Es un tema que enfada a los ecologistas, que siempre salen con que «los mosquitos son necesarios porque sirven de alimento a las arañas peludas».

Vale.

Y yo me pregunto: ¿para qué demonios queremos las arañas peludas?

—Es que las arañas peludas sirven de alimento al sapo verrugoso, y al sapo verrugoso se lo come la rata almizclera, y a la rata almizclera, la serpiente...

Vale.

¿Y no podemos prescindir de todos esos animales de la cadena? ¿No te das cuenta de que si la serpiente, en vez de ratas, comiese manzanas, aún estaríamos en el Paraíso?

A mí, los ecologistas, que me resuelvan otra duda: los mosquitos, en invierno, ¿qué comen? ¿Ya no necesitan sangre? Yo creo que para esos bichos la sangre es un capricho, como para nosotros la horchata. Está muy bien en verano, pero tampoco es supernecesaria: si no la hay, no pasa nada.

Imaginaos que cada vez que nosotros nos tomáramos una horchata, a los osos panda, por ejemplo, les saliese un ronchón molesto. Pues eso se habla:

—Oye, humanos, que soy el oso panda, portavoz de los míos, y mirad, es que resulta que cada vez que os tomáis una horchata, pues nos sale este ronchón, y pica. ¿No os importaría pasaros al granizado?

Las cosas se hablan.

Y ahora que hablo del granizado, el granizado de limón es otro de los fallos del verano. Yo no digo que esté mal... sólo digo que le falla el final. Desde que lo pides, un granizado de limón sólo puede ir a peor. Es como el matrimonio, los primeros sorbos son muy sabrosos, pero, al final, aquello se convierte en un bloque de hielo.

Otro fallo tonto del verano es el «horario de verano». Llamas a Telepizza y te dicen: «No, es que estamos en horario de verano». Yo, directamente, llamo al hemisferio sur. Llamo a Madagascar y que me manden la pizza desde allí, que están con horario de invierno.

Otro error terrible del verano surge de combinar el catarro de los aires acondicionados con la vejiga llena de beber para no deshidratarse. Hay que visitar los urinarios, ya estás entrado en el acto… ¡y notas que vas a estornudar! Y piensas: «No, por Dios, esto no me puede estar pasando a mí». El cuerpo humano no está preparado para esas dos acciones a la vez.

Hay una cosa que no es un fallo, pero la gente cree que sí. La gente dice: «Madrid sería perfecto si tuviera una playa». Vamos a ver… ¿Os imagináis los atascos que habría en Madrid si Madrid tuviese una playa? La gente moriría en los atascos a la ida. Los supervivientes morirían a la vuelta: nadie regresaría con vida para contarlo.

El verano está lleno de pequeñas molestias, pero son errores tontos, no catástrofes… En agosto todo el mundo se coge vacaciones y el mundo sigue girando. Yo me pregunto: ¿qué hacemos trabajando el resto del año?

pendiente aquí. [illegible] Madagascar y que me [illegible] la
[illegible] desde Albacete [illegible].

Qué cosa terrible del verano: [illegible] de cambiar el
contenido de los tres armarios [illegible] llenar de
botellas para no deshidratarse. Hay que [illegible] mismos
[illegible] cuando el calor [illegible] que va a [illegible]
[illegible], por Dios, [illegible] que [illegible] pensando

El cuerpo humano [illegible] preparado para [illegible]
[illegible] a los 42.

Hay una cosa que no [illegible] de [illegible] la gente [illegible]
nuevos. La gente [illegible] Madrid sería perfecto si tuviera
una playa [illegible]. ¿Os imagináis los atascos que
habría en Madrid si Madrid tuviese una playa? La gente
montaría [illegible] la vida. [illegible] en verano
[illegible] nadie [illegible] por [illegible].

El verano está lleno de pequeños [illegible] pero
son [illegible] satisfactorios. [illegible] agosto todo el
mundo se [illegible] y el mundo sigue girando. Yo
me [illegible] que hacemos [illegible] el resto del año.

Los helados

Menos que fríos y más que templados

Cuando empieza el verano, las casetas de helados brotan como las setas. Parece que han aterrizado un montón de naves espaciales, porque son como cohetes, con alas, y con un señor muy raro dentro con el que cuesta comunicarse:

—¿Me das un Colajet?

—*Colayé* no me queda. Sólo hay los que están con una cruz.

Los pilotos de las naves de helados crean sus propias normas y tienen sus propias leyes. Hacen una cruz con un rotulador negro, y eso es lo que hay. El rotulador negro tiene mucho que decir en el extraño mundo del helado industrial. Decide qué helados hay y cuánto cuestan, porque en cada nave los precios son distintos.

Antes venían los precios puestos de serie, y yo me acuerdo que los hombres de las naves espaciales, si querían hacer trampa, tenían que poner una pegatina y escribir encima. Ahora, ni eso: los cartones vienen en blanco y ellos, con el rotulador negro, crean su propio universo moral. Y ponen el precio que les place.

El problema de los helados es que es un mundo muy elitista y todavía hay clases. Es como el fútbol, están las marcas de primera división, que son Frigo, Camy y Miko, marcas que tienen sus propias naves espaciales.

Luego está la segunda división de los helados, que es donde juegan La Menorquina y la marca de la sirenita, que se llama Royne. Éstos son como de bar de ciudad playera. Y luego está la segunda B: unos que tienen una «K» gigante, los helados del Dia, los de Lidl...

Pero da igual que sean de primera división, de segunda, de segunda B, o de tercera regional: todos son iguales. Lo que para una marca se llama Magnum, para otra es Mega, para otra Noir... Pero es lo mismo: un cacho de vainilla del tamaño de una pastilla de jabón barnizado de chocolate. Luego, hay versiones: chocolate blanco, negro, relleno de almendras, de chicle, de clavos... van probando. Así están los diferentes modelos tipo cornete, los tipo polo de hielo... Y no es que las marcas se copien, es que se hacen homenajes.

Luego hay helados inigualables, clásicos, que están año tras año, como el Drácula, que es el Cadillac de los helados: vainilla y Coca-Cola, y punta de gominola de fresa... ¡Llamaron loco al que propuso esa mezcla de sabores! ¡Era un genio! ¡Un adelantado a su tiempo!

Otra obra que perdura: el Calippo, otro clásico. Es un helado paradójico y contradictorio, pero equilibrado. En cuanto lo compras, está muy bien, pero a medida que te lo vas comiendo, le va pasando simultáneamente una cosa horrible y otra maravillosa. La horrible es que, de chupar y masticar y morder la parte de arriba del helado, se va deteriorando, va convirtiéndose en una pasta de cartón y papel de aluminio seguramente venenosa, que nos mataría si no fuera porque mientras se derrite, va dejando al final un juguito delicioso y fresquito que es el antídoto de todos los venenos que te hayas podido comer.

El Frigo Pie es otro clásico que lleva varias temporadas en primera. Son helados especiales, como el pájaro con los pelos de punta que tienen de postre en los restaurantes chinos, que es la reinvención del limón helado o la naranja helada, clásicos también. Están en la nevera de puerta transparente con la copa suprema y la tarta al whisky, que son helados de adulto.

Porque hay helados de personas mayores, como el sándwich de vainilla de siempre, no el Maxibon. El Maxibon es la versión tunning del sándwich de toda la vida. Los helados de adulto son el Apolo, o cornete de mantecado de turrón, o de ron con pasas... Ésos son helados que sólo pueden gustar a los adultos. Y por eso van a estar siempre ahí.

Hay un momento muy triste en la vida de los helados: cuando se acaba el verano y se decide cuáles renuevan y siguen el año siguiente, y cuáles no. Me imagino al de la nave espacial, con el rotulador en la mano:

—Chicos... ha sido un verano duro, estamos orgullosos de vosotros pero... Nifty, no sigue con nosotros. Lo sentimos mucho.

—¿Nifty? ¡Pero si tiene chicle!

—Lo sé, a todos nos duele... pero la decisión ya está tomada.

Y eso le puede pasar a cualquiera. Le pasó al Negrito, que era un clásico: «Ahí viene el negro, negrito, el

Frigo con meneíto...». ¿Lo recordáis? Pues ése no renovó, y creo que ahora está en una carta de helados japoneses.

Y para terminar, una cosa muy seria: ya han salido los resultados de quiénes siguen y quiénes no, y se han cargado a un clásico. A lo mejor todavía no lo habéis notado, porque el verano tiene otras distracciones, pero el próximo periodo vacacional soleado no va a ser igual: ¡se han cargado al Colajet! ¡Mandad mails, SMS y telegramas unos a otros para recoger firmas y recuperar al Colajet!

¡Solidaridad, hoy más que nunca!

Las chanclas

¡Chancleta ha muerto!

En verano, la gente quiere tener el pie fresquito, y aparecen las chancletas, las sandalias, los zuecos…

Yo no lo entiendo: creo que el calzado veraniego no es para los seres humanos.

Una amiga de Mallorca me regaló unas sandalias que tienen la suela hecha de neumático de coche. Muy bonitas, pero ¡qué faena al que le toque la válvula!

Bueno, el asunto es que me las pongo y a las dos horas tengo unas ampollas del tamaño de un bidé.

Y mi amiga me dice:

—Es normal.

—¿Cómo?

—Al principio siempre hacen un poco de daño.

Yo no entiendo por qué nos ponemos sandalias en verano: ¡con el calor que dan las tiritas!

Llevas los pies envueltos en tiritas; es un tándem inseparable: sandalias-tiritas. Al comprar las sandalias, deberían regalártelas: «Con estas preciosas sandalias, gratis las tiritas y la botellita de yodo a juego».

Hay varios tipos de sandalia. Está la «sandalia nazareno», para poner el pie moreno. El moreno de chancleta te deja el pie con una franja en el medio, y parece una bandera española con dedos.

Luego están las «chanclas todoterreno», que son como de motocross. Me refiero a las que se ponen los alemanes con calcetines. Dan miedo. Esa chancla te hace unas ampollas que se te ve el hueso de los pies.

Primo hermano de la chancla es el zueco. ¡Y se ve cada zueco! ¡Con unas suelas! Parece que son para ir a la Luna, como si Armstrong y Aldrin hubieran dicho: «Además de los trajes, vamos a llevarnos chancletas, no vaya a ser que alunicemos, haya playa, y hagamos el gilipollas». Y aquí viene una pregunta que me hago yo: cuando uno aterriza muy bien en la Luna, ¿qué dice? ¿«Qué alunice» o «Qué alucine»?

Otro tipo de chancla es la «chancla hippie», que viene con pulserita para el tobillo, y que se compra ya sucia. No sé por qué a los hippies les dejan tener pies. Para conducir hay que sacarse un carné, pero los pies se los dejan tener a cualquiera.

La última de las chanclas es la «chancla tanga», la que tiene un palito entre el pulgar y el índice, y luego, dos cintas. Otra pregunta: ¿los dedos de los pies siguen teniendo el mismo nombre que los de la mano? Porque el gordo sí que es gordo, pero el índice no indica, y el anular no anula nada. Deberían ser todos meñiques.

Una peculiaridad de la «chancla tanga» es que hace efecto castañuela al caminar... zap, zap, zap, zap... Es muy ruidoso, por eso los espías nunca llevan chancletas. Y al correr, es peor, es como si nos quedaran grandes. Cuando unas chancletas te quedan grandes haces el truco del ave rapaz, las agarras con las uñas y las arrastras.

Las uñas de los pies también son distintas a las de las manos. Las hay terribles. Por cierto, yo quiero mucho a los abuelos y a los mayores, pero esas uñas no se pueden enseñar.

Termino con otra pregunta: ¿qué está pasando con las uñas de nuestros mayores? Es como si les hubiera dado el sol en los pies, los dedos se hubieran derretido y las uñas se hubieran desplazado. A lo mejor si se hubieran puesto tiritas en sus tiempos mozos, eso ahora tendría otro aspecto.

Siempre tengo que preguntar qué está pasando con la uña de [illegible] mayores. Casi siempre les habrá de doler [illegible] en los pies, los dedos, se hubieran debilitado y se [illegible] hubieran desplazado [illegible] y si se hubieran [illegible] ocupados [illegible], eso [illegible] tendría [illegible] aspecto.

Los fascículos

Un crédito para comprar a plazos algo que no nos interesa

Hay dos cosas que me preocupan. Una es la existencia de gnomos, elfos y señores más bajitos que Aznar. Y la otra es que ya no puedo descubrir más pequeños objetos porque están en todos los quioscos al alcance de cualquiera: relojes de colección, grandes plumas estilográficas de la Historia, perfumes del mundo, grandes cascos históricos en miniatura...

¿Quién puede querer eso? ¿Quién puede estar pensando: «Ojalá que salga la colección de grandes cascos en miniatura...»? Además, si son grandes cascos, son *grandes cascos*, ¡no son *en miniatura*!

Esto me enerva. No seamos hipócritas: España nunca ha sido un país aficionado a los cascos de batalla. Si dices «grandes cascos de la Historia», la gente se espera uno de Mahou, uno de Heineken, otro de Carlsberg...

Hay colecciones de todo: plumas históricas, dedales históricos... Un momento, ¿cómo que «dedales históricos»? ¡Un señor ha encontrado cuarenta dedales que han cambiado el rumbo de la Historia! Tiene mérito. Yo me pongo a pensar y sólo me sale el de E. T., que tenía luz.

Otro problema es el de la cantidad. Por ejemplo, con las plumas. A mí me puede apetecer tener la pluma de Oscar Wilde, o la de Gala (para que se entienda mejor el chiste), ¡pero cuarenta plumas! Eso son muchas plumas. Hay palomas en El Retiro que tienen menos.

¡O cuarenta peluches! Nadie en su sano juicio se compraría jamás cuarenta peluches. No hay tantos animales en la naturaleza: osito, perrito, gatito… perro adulto… Luego… búho, gallo, pez, que ya casi no pegan para hacer en peluche. ¡Y aún te quedan treinta y cinco para rellenar la colección! Claro, al final tienen que sacar centollos de peluche, lombrices, medusas, peces teleósteos…

A mí esto me inquieta casi tanto como la existencia de gnomos, elfos y señores más bajitos que Aznar. Porque lo más estremecedor no es que haya cuarenta peluches. Lo brutal es que cada uno lleva un fascículo. ¿Qué cuentan esos fascículos? Cuarenta revistillas sobre peluches. Son blanditos, cariñosos, llevan lazo… Y en el fascículo doce: «¿Qué decir que no se haya dicho ya?».

¡Qué más da! Nadie los lee. Tú te compras la colección que sea. Coges el disco, el reloj de época, la concha del mundo… lo que sea, y te pones a jugar con ello. Al fascículo, ni caso. Ahora estás superocupado oyendo el mar dentro de la concha. El pobre fascículo lo coges, lo guardas en un cajón, y allí se queda, a la espera de ser encuadernado… Cosa que no pasará jamás. Llegarán las tapas y, como mucho, meterás los fascículos ahí adentro, como si fuera una carpetilla.

Es posible que encuadernar fascículos sea una de las cosas que más pereza da, junto con enmarcar algo, o ir a devolver una película al videoclub.

A mí me escama que alguien esté interesado en tener cuarenta zapatitos en miniatura, con su mueble zapatero.

O setenta botellitas de perfume del mundo… Es sospechoso. Y yo hago una reflexión: a los seres humanos nos vale cualquier motivo para comprar cosas; cumpleaños, Día de la Madre, día del amigo invisible, porque me sale del pirri… Mil razones para comprar cosas y sólo dos para no comprarlas:

a) Porque no nos interesa lo más mínimo. Por ejemplo, una vajilla completa de miga de pan.

b) Porque es muy caro y no nos llega el dinero. Por ejemplo, un ático en el centro.

Para que la sociedad siga así de bien y puedas comprarte lo que necesitas, el banco te da un crédito. Y para que te compres lo que no necesitas… ¡lo sacan en fascículos! Los fascículos son un crédito para pagar a plazos una cosa que jamás te comprarías si fueras un ser humano.

Por eso yo creo que en España lo mejor es ser un gnomo, elfo o señor más bajito que Aznar. Porque puedes hacer la compra en un quiosco y pagarlo todo a plazos. Si eres un ser humano, cuesta un huevo que el banco te dé un crédito para comprar un coche, pero si eres un gnomo, por dos euros a la semana tienes el Citroën de Carlos Sainz de gasolina y con control remoto.

Si eres un gnomo y es el Día de la Madre, bajas al quiosco y compras «Perfumes en miniatura». Si eres un elfo y tienes que amueblar tu casa, bajas al quiosco y compras «Casas de muñecas del siglo XVIII». Y si eres Aznar, y Bush dice que hay guerra… pues bajas al quiosco a por los grandes cascos de la Historia.

Eso sí, en miniatura.

Las tarjetas de Navidad

Cargadas de buenos deseos… pero ojo que las carga el diablo

Odio los crismas. Yo creo que los crismas, lejos de alegrar al Niño Jesús, le hacen llorar con lágrimas de hiel.

Esos diseños…

Hay varias temáticas. Una muy recurrente es «pastorcillos ocupados»: pastorcillos en el portal, pastorcillos con ovejas, pastorcillos pescando, encendiendo hogueras… Pastorcillos haciendo de todo. Yo creo que los pastores de este país pueden ahorrarse las fotos de las vacaciones, llenan el álbum de crismas y ya está.

Para mí, los más terribles son los de «niños sonrosados cantando villancicos a pleno pulmón en la nieve». Imaginaos las anginas de esos chavales al día siguiente. No sé cómo les dejan los padres. ¿No saben la pulmonía que pueden pillar? No están sonrosados: ¡son los principios de la hipotermia! De hecho, si os fijáis, sólo cantan niños, nunca veréis a un adulto cantando en la nieve. ¿Sabéis por qué? No llegan a adultos.

Mucha gente se preguntará: «Y este señor que dibuja pastorcillos y niños cantando en Navidad, ¿qué hace el resto del año?». Yo os lo digo: dibuja pósters de payasos para consultas de pediatras. Si os fijáis, el pastorcillo y el niño sonrosado cantando en la nieve tienen exactamente la misma cara que el arlequín de la lágrima.

Luego, hay otro tipo de crismas que ya no los dibuja el mismo: los crismas sacros. Éstos dan un miedo que te cagas. Te llegan unos Cristos de El Greco, unos pantocrátores inscritos en mandorlas... ¡y dan un mal rollo...! Más que una tarjeta de felicitación, parece una citación para el Día del Juicio Final.

Luego hay otros diseños que no tienen nada que ver con la Navidad, pero sí tienen que ver con el frío. Se ve un paisaje nevado, o gente patinando en un lago helado, o una hoguera con piñas y una ventana empañada... ¡Eso no es Navidad, eso es un anuncio de Climalit doble cristal!

¿Y cómo son esos crismas en el hemisferio sur? Porque allí, en esas fechas, es verano. A lo mejor, en el hemisferio sur, en lugar de crismas, usan las postales típicas del verano. ¿Os imagináis felicitar la Navidad con la postal de los culos en la playa, o con el burro del sombrero de paja y las gafas de sol? No es lo mismo...

El problema de los crismas es que, cuando se abre la veda, ya no hay quien los pare. Empiezan a llegar al buzón, y dices: «¡Mierda! ¡Tengo que comprar crismas!». Y viene un momento muy duro: decidir a qué personas les vas a desear que pasen felices fiestas, y a qué personas no. Te entra un sentimiento de culpa: «Mira que si a María Eugenia Rubín Carrero —una compañera mía de la infancia— se le olvida pasar felices fiestas porque yo no se lo he deseado...». ¡Es mucha presión!

Mandas los crismas. Por cierto, son de las pocas cosas que todavía se cierran con saliva. Han conseguido que los preservativos sepan a fresa, pero con los sobres de los crismas no han hecho nada. Das un lengüetazo y siguen sabiendo a culo. Y es horrible, porque estás abriendo el crisma del tío Julián... metes el dedillo para despegarlo... te viene a la mente la imagen... ¡Estás restregando el dedo por la saliva del tío Julián! ¡Es como si un anciano te lamiera un dedo! Y eso es muy poco navideño. Sobre todo, porque ese dedo que te ha chupado el tío Julián, a él le ha sabido a culo.

Hay algo peor que recibir un crisma del tío Julián: recibir uno de María Eugenia Rubín Carrero. Recibir el crisma de una persona a la que tú no le has mandado uno... es horrible. Te quieres morir, porque no hay tiempo de reacción. No le vas a responder: «Yo también te deseo felices fiestas» para que le llegue en febrero.

Además, todo el mundo pone lo mismo en los crismas: «Ojalá que te traigan muchas cosas los Reyes y mucho cuidado con el turrón, je, je...». Esa frase podía venir impresa de serie en todos los crismas. ¿Para qué ponen «je, je»? La gente necesita poner «je, je». Yo no lo entiendo. No es un chiste, es una advertencia sanitaria. Es como si en las cajetillas de tabaco pusiera: «Fumar perjudica seriamente la salud, je, je». Y luego: «Feliz Navidad y próspero año nuevo». Que eso sí que es de mala persona: te desean felicidad, pero sólo para un año. Es como si tuvieras que ir renovando los deseos de felicidad año tras año. «No. Este año no te deseo que seas feliz... no te lo mereces».

Y, total, ¿para qué? ¿Para qué son los crismas? Para ponerlos en el mueble del salón, o encima de una chimenea encendida... ¡Con lo bien que estarían *dentro* de la chimenea! La gente los expone, como diciendo: «¡Mirad cuántos amigos tengo! ¡Miren ustedes cuánta gente se acuerda de mí!». ¿Gente? Te pones a mirar y son de Endesa, Seguros Allianz, Iberia, Banco Pastor… ¿Un banco deseando prosperidad a sus clientes? ¡Pues claro! ¿Qué te van a desear?

De todos modos, tiene su parte bonita…

Cuando recibes un crisma, quiere decir que alguien se ha acordado de ti, y eso siempre es bonito. En mi caso, sólo a medias. Si alguien me manda un crisma, significa que se ha acordado de mí… pero no mucho, porque no se ha acordado de que odio los crismas.

Yo prefiero pensar que los cuarenta y cinco millones de españoles que no me mandan un crisma es porque este año se han acordado de no mandármelo.

Las tiendas de campaña

Y vas allí… y no venden campañas, ni nada

El tema de la vivienda está muy chungo. Yo mismo vivo en un piso tan pequeño que sólo puedo entrar en él con el estómago vacío. Por eso propongo una estupenda opción: las tiendas de campaña. Eso sí, hay que conocerlas bien.

Podéis ir a verlas a El Corte Inglés. Allí las tienen expuestas. Dentro de la zona de deportes hay un camping montado, como la aldea de Astérix. Hay un montón de tiendas, y un maniquí disfrazado de explorador. La ves, la pruebas, te metes dentro un poco cohibido, no se vaya a enfadar el explorador… ¡Y es fantástica! Estable, suelo liso, temperatura agradable… ¡No te fastidia! ¡Estás dentro de El Corte Inglés!

Luego vas de camping, la montas, y no te queda igual. Para empezar, las piquetas no se clavan en el suelo. Se doblan como chicle. Yo me pregunto cómo las habrán clavado en El Corte Inglés, que el suelo es más duro.

Los de la tienda de al lado siempre tienen un martillo, pero da mucha vergüenza pedírselo. Es como decir: «¿Me podéis dejar el martillo, que soy tonto, y creí que las piquetas iban a rosca?». Como no te atreves, prefieres buscar una piedra.

Y cuesta un huevo encontrar una piedra, parece mentira que estés en el campo. Recorres el camping de arriba abajo y no hay ni una sola piedra. A mí me ha pasado: he ido al Festival de Benicàssim, o al Contemporánea, y he tenido que recorrer todo el camping:

—Una piedra, una piedra…

—¡Mira, aquí hay una!

—Ya, pero es de hachís. No nos vale.

¡Ay!, si en esos festivales se usaran tantos kilos de jabón como de hachís, olería distinto. Ni mejor ni peor, distinto.

No encuentras ninguna piedra porque la única piedra de todo el camping está justo debajo de la tienda: estás durmiendo por la noche y se te clava en los riñones. La única manera de evitar ese dolor es dormir boca abajo haciendo que la piedra coincida con el ombligo; si no, no hay quien pegue ojo.

Cuando acabas de montar la tienda, lo primero que se te pasa por la cabeza siempre es lo mismo: «Ahí no vamos a caber». Porque en la caja de las tiendas pone que es para «cinco personas». Pero para que quepan, hay que trocearlas.

Aunque en las instrucciones ponga «cinco personas», y venga un dibujo de cinco siluetas, yo creo que se refieren a cómo se tienen que poner cinco personas para parecer una tienda de campaña vistos de lejos.

Cuando estás montando la tienda y pides que te alcancen una cuerdecilla, siempre hay un listillo que te dice: «No se llaman "cuerdas", se llaman "vientos"».

Por la noche te dan ganas de emanar metano para que el listillo diga:

—¿Quién se ha tirado un pedo?

—No se llaman «pedos», se llaman «vientos».

Lo más curioso de dormir en una tienda de campaña es que está cambiada la relación «horas de sueño / descanso». Te despiertas más cansado de lo que te acostaste. Y cuantas más horas pases durmiendo, más cansado te levantas. Si duermes hasta más de las doce, te despiertas exhausto. Y como duermas hasta las doce y media, te despiertas cadáver. Por eso las hacen de ese material que no transpira: para que te achicharres a mediodía y te despiertes. Es por tu bien.

El calor hace que la gente haga cosas muy raras. Como poner un candado en la tienda. «¡Oooh! ¡Tiene un candado...! ¡Ya no hay quien pueda penetrar en esa fortaleza de tela!». «¡Nadie me robará mis cosas de valor: mi campingas de marfil, ni mi linterna de oro con incrustaciones de brillantes...».

El candado es para achantar a un ladrón muy concreto: suficientemente malo como para abrir una cremallera, pero suficientemente bueno como para no rasgar la tela.

Todos llevamos nuestras tiendas normales, pero hay quien lleva las «megatiendas». Son como chalés adosados, tienen porche, hall, salón-comedor, tres dormitorios, y buhardilla con sauna jacuzzi. Esa gente necesita licencia de obra cada vez que montan la tienda.

Se llevan su casa de todos los días al campo. Es para poder pasar un verano igual que el resto del año, pero un poquito peor.

Y como los precios de las casas sigan así... es lo que nos espera.

Las cosas que relajan

Podéis ir en paz… si podéis

¿Sabéis cuáles son unas de las cosas más estresantes y crispantes del planeta?

Las cosas que están hechas para tranquilizar y relajar.

Alguien tiene que decirlo: las cosas que son antiestrés no quitan el estrés: lo multiplican, crispan más.

El ser humano lleva toda la vida intentando inventar algo que relaje, pero no le sale.

Por ejemplo, ese material blando hecho para apretar, una espuma con forma de bola del mundo, o de vaca: eso no quita el estrés. De hecho, da asco, porque está todo manoseado. Se ve que un tío inventó la esponja y le dijeron:

—Pero ¿para qué es? Porque para cojín no vale, que es demasiado duro, y para suela de zapato es demasiado blando. ¿Para qué vale?, ¿para qué vale?, ¿para qué vale?

—¡Ay! Me estás estresando… ¡Ah, es para quitar el estrés!

Y el tío se quedó más relajado al encontrarle un uso a la espuma blanda.

Pero la espuma no relaja.

En teoría, una de las cosas más relajantes que hay es un baño de agua caliente con espuma, pero es imposible que relaje. Para empezar, siempre haces más espuma de la necesaria. Se acumula toda en el lado de la bañera que no es. Si intentas sentarte en el lado de la espuma, te clavas el tapón en la rabadilla, y eso no relaja. Además, te metes en el agua y empiezas a pensar: «No me estoy relajando, no me estoy relajando, tengo calor, estoy sudando, no me relajo». Y puede ser peor si usas las relajantes sales de baño, que no hacen nada. Lo único que hacen es costar 15 euros la bolsa. Y tu cerebro no se calla: «No me estoy relajando, se me están clavando las arenas en el culo y no me estoy relajando...».

La frase que menos tranquiliza del mundo es ésta: «Tú, tranquilo». Cuando alguien te dice «Tú, tranquilo», estás de todo menos tranquilo. Tampoco relaja el jacuzzi. Métete, ya verás cómo te relaja. Ese ruido, esas burbujas saliendo de esos orificios, todo ese aire que, como te sientes en uno, te inflas y explotas... Además, el motor del jacuzzi hace un ruido infernal. Eso sólo relaja cuando lo apagas, que te quedas en silencio: «¡Ah, qué gusto!».

El incienso no relaja. Huele mal y hace estornudar. Además, nada que huela a iglesia puede ser relajante. ¿Y los CD de música relax que venden en Natura...? ¡Una tienda que tiene un oso de dos metros a la puerta no puede vender nada relajante! Ese CD hace el ruido del mar con un delfín que hace: «¡Criii, criii, criii!». ¡Eso no relaja!

¿Y el yoga? ¡Un señor hecho un nudo en el suelo! Ese tío no puede estar relajado. A lo mejor él sí, pero su familia, no.

¿Y la colorterapia? Colores chillones que relajan... Vamos a ver: ¿Ágatha Ruiz de la Prada tiene pinta de estar relajada? No.

Dicen que relaja mucho mirar a un bebé. También dicen que mirar al fuego relaja. ¡Nooo! ¿Os parece que la profesión de bombero sea relajante? Si fuera cierto, lo más relajante del mundo sería mirar a un bebé ardiendo.

Para relajarse, lo mejor es coger la bola blanda, las sales de baño, el jacuzzi, el CD de Natura, los colores chillones, y pegarles fuego. ¡Ése sí que sería un fuego relajante!

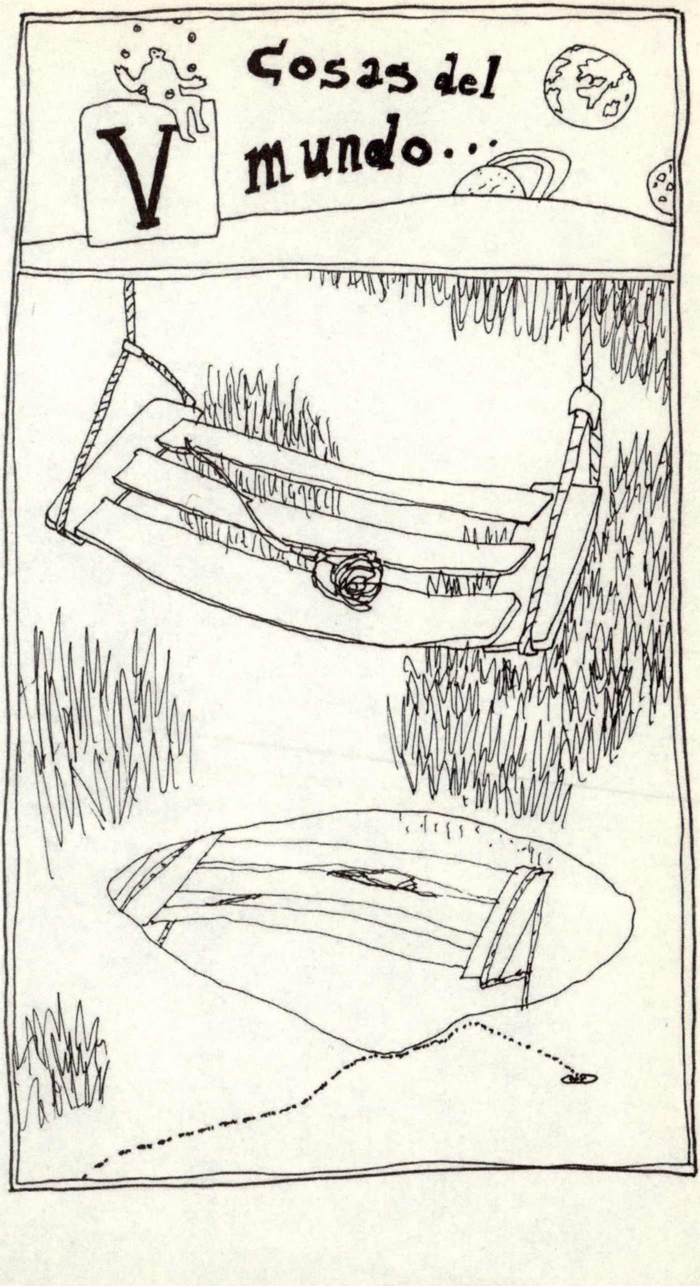
V
Cosas del mundo...

Las hormigas

Las amigas de las migas son mis amigas

Quiero salir en defensa de uno de los seres más pisoteados de este planeta: las hormigas.

Son unas infelices.

De verdad: un animal que hace cola para comerse los ojos de un pájaro muerto no puede ser feliz.

El problema de las hormigas es que son gratis. Como hay tantas... Y no lo entiendo, porque a simple vista, entre una lata de caviar y una lata de hormigas dormidas, no hay mucha diferencia. Lo único, el precio.

¿Cómo harán las hormigas para diferenciarse entre ellas? Las personas podemos ser con bigote, con gafas, y nos vemos de frente, de perfil... Pero las hormigas están todo el día en una cola viéndole el culo a la de delante. Tienen que ser expertas en diferenciar los culos. En los DNI de las hormigas no ponen la foto de la cara, ponen la foto del culo. Claro, los fotomatones no son como los nuestros: son como un bidé con una cámara debajo.

Entras en la comisaría de un hormiguero y las fotos de los delincuentes más buscados son un cartel con cuatro culos. Eso es como en el mundo de las personas: cuando entras en una comisaría y pone: «Éstos son los terroristas más buscados». ¡Tienen todos una cara de culo!

Las hormigas viven en un sistema comunista: lo comparten todo, son muy trabajadoras y hacen colas para todo. Incluso hay hormigas rojas, que son las que muerden.

Menos mal que las hormigas no llevan zapatos. Porque una de las cosas que más molestan del mundo es estar en una cola y que alguien te pise el zapato por detrás. Estarían todo el día:

—Oye, que me has quitado el zapato, me cago en la madre que te parió…

—Pues la hormiga reina que me parió es la misma que te parió a ti.

Y como en el mundo de las hormigas a la casa real se la respeta mucho… Por eso las hormigas no llevan zapatos.

Pero, a cambio, dejan los zapatos en el hormiguero y los Reyes les dejan regalos.

Hay gente que no sabe lo que es un hormiguero. Un hormiguero es eso que sale en el suelo siempre que pones una tienda de campaña.

¿Qué hacemos los seres desarrollados para ayudar a las hormigas? Pisarlas. La base del problema es la de siempre: como hay tantas, nos dan igual. Si estuvieran en peligro de extinción, como los elefantes, seguro que nadie las pisaba. ¿A que nadie anda por ahí pisando elefantes? Porque están en peligro de extinción.

A mí me gustaría ser una hormiga, aunque tuviera que hacer cola para comerme los ojos de un pájaro muerto. Mucho mejor eso que hacer cola en McDonald's.

Las flores

Hojas de colores

Lo más impresionante de las flores es su forma de reproducción. ¿Os imagináis cómo sería si nosotros nos reprodujéramos de la misma manera que las flores?

Para empezar, sólo nos aparearíamos en una época del año, que eso ya no me parece bien. Y en esa época, llegaría una avispa, que da bastante mal rollo, y se nos pondría en la punta de la pilila. (No sé si es elegante poner «pilila» en un libro, aunque estoy contando cosas de flores... Podría escribir «capullo»). En fin, la avispa se nos pondría en la punta del pistilo, se empaparía de nuestra semilla, y se iría volando hasta una mujer que no conoceríamos de nada, y la dejaríamos embarazada. La única ventaja es que después del acto podríamos dormirnos directamente sin necesidad de charlar.

Las pobres flores se reproducen, pero no se aman. Es normal, tienen que odiar el amor. Si un señor se enamora de una señora, corta flores. Imaginaos que un geranio se enamora de una gerania, y como símbolo del amor, llega el geranio y le corta la cabeza a un señor humano. Pues le cogeríamos rabia al amor. Para las flores, el Día de los Enamorados es una carnicería, es la Matanza del Día de San Valentín.

Y cuando un señor humano duda, las flores se cagan: «Me quiere, no me quiere, me quiere, no me quiere...». Es la tortura más cruel que he visto en mi vida. Imaginad a un gladiolo que no sabe si su amada gladiola le quiere... Y coge a un señor y le va arrancando los brazos, las piernas, las orejas... Somos tan cobardes que sólo nos atrevemos con las margaritas, que son las flores más débiles. ¡A que no hay huevos para deshojar un cactus, o una planta carnívora!

¡Qué mito son las plantas carnívoras! No entiendo por qué nos fascinan tanto. Lo normal es que una planta coma carne, ¿no? No va a ser vegetariana: eso sería canibalismo.

Hay unas plantas que son la vergüenza del planeta: las flores artificiales, las que son como de decoración de restaurante chino. Una flor artificial es a una flor normal lo que Yola Berrocal a una persona normal. Es de plástico. No cuela.

Hay un momento del Día de los Enamorados que compensa todo este sufrimiento de las flores. Es el momento en el que entra un enamorado en una floristería, encarga el ramo y le tiene que dictar su mensaje de amor al florista para que lo ponga en la tarjeta. Las flores se tienen que descojonar de risa.

De repente, ese enamorado lleno de ilusión está delante de un señor con cara de funcionario de prisiones, y le dice:

—Eres lo más especial de mi vida. Me gustaría envejecer a tu lado. Cada vez que te veo mi corazón late y me hago más joven.

Los sauces llorones se tronchan de risa.

Con las flores se dan situaciones peculiares. Por ejemplo, lo de tirar el ramo en las bodas. La nueva esposa tira el ramo y la que lo coja… pues es la siguiente. Debería hacerse también en los entierros. Se tira la corona para atrás, y al que le caiga… pues es el siguiente.

Es justo que las flores odien el amor. Por eso las rosas tienen espinas, es la única manera que tienen de vengarse de nosotros. Ésa, y costando doce mil pelas el ramo.

Los columpios

Primorosos y verdes campos… de exterminio infantil

Los columpios, toboganes y balancines están pensados para exterminar a los niños.

¿A cuento de qué viene el «castillo de metal»? Recuerdo que era como un andamio de hierro, con barrotes, pintura descascarillada, y no hacía nada: ni giraba ni se movía. Su única función era que los niños se cayeran y se rompieran los dientes. ¡Si es un andamio! Cuando un adulto se sube a un andamio, una ley le obliga a llevar arnés de seguridad. Yo me imagino a los que lo diseñaron:

—Vamos a hacer algo para niños.

—Vale: hazlo bien alto, para que se puedan caer y se rompan los dientes.

—Y de hierro oxidado… Así, si no se rompen los dientes, al menos, mientras caen, se cortan y cogen el tétanos…

—Vale, vale… Y rosa, para que las niñas quieran subir y…

—No, las niñas, no. A las niñas es mejor ponerlas en el columpio de enfrente: la escalera en forma de arco.

—Sí, para que se cuelguen boca abajo, se les vean las bragas, los niños se distraigan y se caigan del castillo.

¿Ese arco era sólo para niñas? La verdad es que no, solía haber algún niño que intentaba atravesarlo caminando y se daba tal piñazo en la entrepierna que se le atiplaba la voz y pasaba por chica para siempre.

Otro instrumento de exterminio de niños era el balancín, el que sube y baja. Sólo sirve para astillarse el culo, porque es imposible que dos niños pesen lo mismo. En cuanto el más pesado cae con fuerza, se astilla tanto su culo como el de su liviano compañero.

¿Y «la cosa hexagonal que da vueltas»? Gira, gira, gira... Te mareas, pierdes el sentido, y la fuerza centrífuga hace el resto. Los cuerpos aún vivos salen disparados, y el artefacto queda libre para que puedan subir otros niños.

El peor de todos es el columpio propiamente dicho. En cualquiera de las fases de tu vida en la que te lo encuentres, el columpio es un peligro. Es posible darse un buen golpe en un columpio siendo casi un bebé, como hemos visto cientos de veces en los *Vídeos de Primera*.

Luego viene una fase en la que eres un poquito mayor, te subes al columpio y sabes darte impulso. Pero no sabes frenar. Ves que sobrepasas la barra de arriba, ves las nubes cada vez más cerca... En este aspecto, Heidi hizo mucho mal a los niños. Para parar, sólo hay dos opciones: o estirar un brazo, agarrarte al palo lateral del columpio y darte un golpe terrible, o saltar. Salir volando es lo mejor, porque abajo hay un charco que te amortigua la caída. Siempre construyen los columpios encima de los charcos para que los niños salten sin miedo.

Ahora las cosas han cambiado: ya no hace falta exterminar a los niños. La razón es que antes los niños venían con un pan debajo del brazo. Los padres se comían el pan y no sabían qué hacer luego con el niño. Por eso les sometían a la prueba de los columpios, para que sobrevivieran sólo los más duros.

Pero ahora los niños en vez de traer un pan debajo del brazo, traen una hipoteca, y claro, no es lo mismo. La gente trae menos niños al mundo y a los pocos que hay hemos de sobreprotegerlos. Por eso los columpios han evolucionado, ya no son campos de exterminio: ahora son como campos de entrenamiento militar, con anillas, escaleras de cuerda, arena para reptar... Todo, para endurecer la raza.

Yo me crié en los columpios de antes, los de campo de exterminio. Cuando cumplí los dieciocho me puse muy contento... Porque dije: «Ya está; he sobrevivido».

Siempre me he preguntado por qué la mayoría de edad es a los dieciocho. La respuesta es que es la edad justa en la que los culos sufren un cambio hormonal y dejan de deslizarse por los toboganes.

Probad. El día anterior a cumplir los 18, con 17 años aún, os tiráis por el tobogán: os deslizaréis. Id al día siguiente: el culo ya no resbala. Lo ideal sería tirarse por la noche, deslizarse... y que el cambio de año te pille bajando. En ese caso, ¡cloc!, te quedas atrapado a medio tobogán.

¡Probad si estáis a tiempo!

Las capuchas

A la cabeza de la indiferencia

Últimamente estoy consternado. Me ha pasado una cosa terrible. Me he comprado un abrigo de visón… y no tiene capucha. ¿Por qué vendrá sin capucha? Yo le he estado dando vueltas y… duele decirlo, pero ¡qué poco queremos a las capuchas!

Prácticamente todos los anoraks, abrigos, chaquetones, etcétera, tienen capuchas. Van ahí, en la nuca, adosadas, que parecen un airbag para el cuello. Y si empieza a llover, no se la pone ni Dios.

El otro día, que llovió a cántaros, salí a ver qué es lo que pasa con las capuchas. Con el visón puesto. Que no sabéis vosotros lo que pesa un abrigo de visón mojado… Pesa un huevo. Al principio yo andaba derecho pero luego me fui encorvando, encorvando, casi a gatas, con el visón empapado… y parecía una nutria.

Lo malo de las capuchas es que no le quedan bien a nadie. Ya puedes ser Harrison Ford, que si te pones la capucha del plumífero pareces un pepino: te queda cabeza de caracono.

¿Por qué? Por culpa del cordelito que tienen para atarla. La cuerdecita es como una mujer fatal: no puedes vivir con ella pero sin ella tampoco.

No puedes vivir con ella porque te ve tu madre que, como todas las madres, estará obsesionada con las capuchas, y te dice:

—¡A ver! Ven acá, que te pongo la capucha…

Y tira del cordelito con fuerza, como si estuviera tirando de las riendas de un caballo, y la capucha se cierra como una trampa mortal. Te quedas con cabeza de huevo. Además, no ves nada. No oyes y, como te queda el nudo a la altura de la nariz, respiras de milagro.

No podemos vivir con el cordelito, pero sin él tampoco. Porque una de las peores cosas que te pueden pasar es tirar sólo de uno de los extremos del cordelito, y que el otro extremo se meta para adentro. Muchas veces lo hacemos a propósito, para que de una vez se acabe la tortura de la capucha. Pero las madres tienen el superpoder de saber cómo se rescata el otro extremo del cordelito. El truco es ir dándole… como el que se explota una espinilla.

Las madres son los seres del planeta más obsesionados con las capuchas… de los demás. ¡Sin embargo, ellas pasan absolutamente de utilizarlas! ¿Alguna vez habéis visto a una madre con capucha? La madre Teresa de Calcuta, la única. ¡Pero porque era una santa!

Y cuando esas madres se hacen abuelas… siguen sin ponerse capucha. Se niegan, y eso que llevan unos cardados que son como los gremlins: no les puede tocar el agua… Pero no se ponen capucha. Las abuelas, ¿no os habéis fijado?, cuando empieza a llover, sacan una bolsa verde de plástico y se la ponen en la cabeza.

Los padres, como llevan gabardina, tampoco se ponen capucha. ¡Que manda huevos…! Es evidente que la gabardina es para la lluvia, ¡y no tiene capucha…!

A lo mejor es que la capucha no es para la lluvia. Porque, si no, ¿para qué tienen capucha los albornoces de los boxeadores? O la de los monjes de Silos: capucha y chancletas… Es que no tiene ningún sentido.

A todo esto, cuando paró de llover, escurrí el visón y lo puse a secar en un radiador. Y seguí pensando: ¿cuál es la capucha más terrible que ha existido jamás? El gorro de natación. El gorro de goma que es como una capucha… pero nueve tallas menos. Es como intentar usar de preservativo la tapa de un boli Bic. Es completamente absurdo, sobre todo ahora, que tienen un agujero.

Pero yo lo digo más por lo del tamaño. Ves el gorro de natación y dices: «A mí la cabeza no me cabe ahí dentro». Pero te esfuerzas. Haces lo que puedes, te metes dentro… y, efectivamente, se te queda la cabeza como a los caraconos.

Pero la gran duda de los gorros de baño es ésta: ¿las orejas van por dentro o van por fuera? Por dentro es superincómodo, pero si las dejas por fuera… la aerodinámica se va a tomar por culo. Por eso, como las madres odian ponerse capuchas, es muy difícil que se pongan un gorro de natación… Bueno, y que se tiren a la piscina de cabeza, ni os cuento. Hay dos cosas que las madres no hacen nunca: ponerse capuchas y tirarse a las piscinas de cabeza.

Si os fijáis, las madres, cuando nadan, hacen como los cisnes. Mueven las patitas y estiran mucho el cuello. Hay muchas madres que nadan porque es bueno para la espalda… pero acaban con unas lesiones de cuello brutales.

Y todo porque, en el fondo, odian las capuchas. Por eso a las madres les gustan tanto los abrigos de visón. Porque vienen sin capucha. Y por eso los hacen sin capucha, para que las madres sean felices.

Las tiendas de regalos

Callejones comerciales sin salida

Dios nos libre de que alguien nos regale algo comprado en una tienda de regalos: un calzador largo con cabeza de caballo, una tortuga lámpara, una caja con forma de búho... Fuera de esas tiendas hay un cartel que pone: «Regalos». Eso quiere decir que lo que venden sólo sirve para regalar. Para nada más. En cuanto lo regalas, ya está:

—Toma.

—Gracias.

Fin.

Ya no sirve para nada. Lo puedes tirar al contenedor.

Nadie se va a calzar jamás con un calzador largo con cabeza de caballo.

Las cosas de las tiendas de regalos son basura limpia.

Es imposible regalar algo de una tienda de regalos y que la persona diga: «¡Ay, qué ilusión! ¡Un pato salvaje de madera que sirve para calzar la puerta! ¡Llevo toda la vida esperándolo!».

Lo que pasa es que te da cosa tirarlo por eso del valor sentimental. Es como un chantaje emocional.

Analicemos «el valor sentimental»: ¿qué sentimiento puedes tener hacia una persona que te regala un pez de plástico, expuesto en una panoplia, como si fuera un trofeo, que canta y coletea? ¡Un sentimiento de odio!

A continuación os ofrezco un análisis de las cosas tan útiles que podéis encontrar en las tiendas de regalos.

Empecemos por un clásico: el pisapapeles. Vamos a ver... Todo en esta vida puede ser un pisapapeles. Cualquiera de los objetos citados se puede poner encima de un papel... ¡Hasta el pez que colea! Es más, todos los objetos analizados en los artículos de este libro, incluso el libro mismo, pueden servir de pisapapeles. Además, ¿dónde trabaja usted que hace tanto viento que se le vuelan los papeles? ¿En el ala de un avión?

Otro práctico regalo: el termómetro para vinos. Parece que vas a mirar si el vino tiene fiebre. Si en casa hay una madre, el termómetro no hace falta para nada. Viene la madre, le pone la mano en la frente al vino, y ya está. Si fuese útil, el que lo recibe diría: «¡Buf! ¡Menos mal que me regalas el termómetro para vino, porque llevamos toda la vida sin saber a qué temperatura está el vino y eso no puede ser!».

Otro regalo: piedras cortadas en finas lonchas... ¿Eso para qué vale? Es una cosa que, si bien no es útil, al menos bonita, lo que se dice bonita, tampoco es.

Más regalos: los peluches. Los peluches, además de no ser útiles, son demasiado caros, ¿no? Un pequeño cachorrillo, 120 euros. ¿Y para qué? ¿Para dormir abrazado a él? Por 120 euros puedes dormir abrazado a quien quieras.

Los peluches son más propios de las tiendas de regalos modernas, enfocadas a los jóvenes. Allí venden hadas, duendes de pozo, figuritas de sonrientes músicos de jazz, tallas de Charles Chaplin de metro y medio de alto... Allí descubres que absolutamente todo es susceptible de ser convertido en artículo de Disney, de *South Park*, o *Los Simpson*: llaveros de *South Park*, bufandas de Disney, guantes de *Los Simpson* (¿cómo que guantes de *Los Simpson*? ¿Esos guantes cuántos dedos tienen?), tazas de *Los Simpson*, mandilones de Disney, mecheros de *South Park*... Todo eso en una zona. Porque luego hay otra zona. En todas las tiendas de regalos hay una zona erótica. Allí está todo lo de antes, pero con pitos: tazas de pito, mandilones con pitos, mecheros con pitos, guantes con pitos... ¿Cuántos dedos tienen los guantes con pitos?

Lo peor de estas tiendas son las tarjetas de felicitación. Si a ti no se te ocurre nada ingenioso que poner en las tarjetas, venden tarjetas en las que alguien ha escrito cosas ingeniosas por ti. Por ejemplo: «Para alguien único...». Y hay treinta mil iguales. Luego están las que juegan al suspense... pero del cutre. Se ve a un señor con una camisa de fuerza y un embudo en la cabeza, y pone: «Estoy loco...»; y luego la abres y pone: «... por ti». ¡Huy! ¡Menos mal, creí que estabas loco! ¡Qué ingenio! Luego están las tarjetas que juegan al suspense sin sentido: «Eres un...»; abres, y pone: «... tío genial».

Pero las que menos sentido tienen son las que llevan fotos de Anne Geddes, muy de moda en los ochenta. Aquellas fotos de bebés dentro de coliflores, bebés dentro de tiestos, bebés cogidos a cucharadas... Esos niños ahora tendrán 18 años y estarán expuestos a un vacile constante en el colegio. Si ese niño ahora quiere ser líder de una banda *heavy*, o *skin head*, ya no puede. Está marcado para toda la vida.

Regalar es una cosa muy seria. Porque tiene que ser algo útil, ingenioso, y que le guste a quien lo recibe… y eso no lo venden en las tiendas de regalos.

Eso lo venden en las librerías y ya lo tienes en tus manos.

Las burbujas y las pompas

Trozos redondos de aire
a los que les hemos puesto un disfraz
de jabón que les queda prieto

La gente no se da cuenta, pero las burbujitas son muy importantes. Por ejemplo, antes de que se inventaran, no había aspirina efervescente. Lo más parecido que podías hacer era hervir una hostia.

Y hacer eso, en la Edad Media, era un peligro: te cogía la Inquisición, te veía hirviendo a Dios y te quemaban vivo.

—¿Qué hace usted?

—No… es que he cogido frío, estoy resfriado y…

—¡A la hoguera!

Claro, ellos nunca cogían frío. Como estaban todo el día haciendo hogueras.

Las burbujas pueden durar más o menos, según la dureza de su piel. Por ejemplo, las hay fugaces, como la clásica «pedo en la bañera». Ésa es una burbuja efímera: nace y muere a la vez.

Luego hay una burbuja que nace, da un par de saltitos y muere… Es la burbujilla del músico primerizo. ¿Sabéis a cuál me refiero? Si sois amantes de la música, seguro que sí. Siempre que uno empieza a tocar la flauta le salen unas burbujillas de saliva. Nadie debería tocar la flauta por primera vez: habría que ser directamente profesional. Porque es muy asqueroso, mucho. No me extraña que al flautista de Hamelin le siguieran las ratas, las moscas y hasta los buitres.

Luego hay otras burbujas que son un encanto: las burbujas del bote de Fairy. Son como magia. Echas un poco de Fairy en la esponja y de repente… *flusss*… Es como estar en un anuncio de Freixenet, pero en pequeñito. Sólo falta Montserrat Caballé. ¿Os lo imagináis? Montserrat Caballé ayudándoos a fregar los platos, con guantes de goma y cantando *La donna è mobile*… Superromántico.

No nos desviemos.

Otra experiencia que tenemos con las burbujas es cuando estás bebiendo y te dan un susto, o te ríes, y te sale el líquido por la nariz. Sale como con burbujas. Lo que sea: café, leche, colacao… Todo lo que sale por la nariz sale con burbujas. Bebes un vaso de agua del grifo y te sale un vaso de Vichy Catalán. A lo mejor lo hacen así… Eso explicaría su saborcillo salado…

La burbuja más profesional de todas es la pompa elaborada con un «pompero». El pompero es un instrumento que consta de cilindro con jabón, y tapón con divertido juego de bolas. Y una etiqueta, en un costado, que pone: «No vender a los niños». ¿Y a quién se le vende? ¿A un ejecutivo?

La burbuja que tiene la piel más dura es la del forro de los libros. Empiezas a poner el forro y… ¡glop!, te sale un burbuja. Entonces llega tu madre y te dice: «Eso se arregla en un momento». Y empieza a desplazarla, pero nada, y la burbuja se hace dos… y es peor. Y no hay manera de explotarla. Al final lo que hace tu madre es coger un alfiler y… ¡chuf! Es una de las actividades favoritas de las madres.

Luego hay burbujas que se hacen mayores y van a misa. Están allí siempre, en primera fila en la calva de un señor mayor. Yo no sé por qué, pero cuando nos hacemos mayores, sin venir a cuento, nos sale una burbuja en la cabeza. Como un huevo.

Menos mal que, para entonces, nuestras madres ya no están entre nosotros porque nos cogerían, empezarían a empujar la burbuja con los dedos, se les convertiría en dos y acabarían pinchándola con un alfiler.

La publicidad previsible

Anuncios que se ven venir más
que a Lawrence de Arabia
(que se le veía venir allá a lo lejos...)

La publicidad debería sorprender, ¿no? Pues tiene cosas que se ven venir más que a Lawrence de Arabia.

Por ejemplo, cuando un periódico, ya sea el *Abc, El País, El Mundo,* incluso *La Razón,* regala DVD de películas, ya se sabe que eso va a ser «una colección... ¡de cine!». No falla nunca, y en caso de que falle, hacen un alarde de ingenio y es «una colección... ¡de película!».

En el cine es donde las publicidades son más previsibles. Por ejemplo, si una peli es de miedo y de risa, tipo *Scary Movie,* o con Chiquito de la Calzada haciendo de Brácula, o de momias de papel higiénico, no falla, la peli es «terroríficamente divertida». Y, por supuesto, se pone «en los mejores cines», que son todos. Ya puedes montar un Cinexin debajo de un puente, que estará entre «los mejores cines».

Todos los cines son «los mejores cines», y todos los discos que salen en julio son «el disco más refrescante del verano». Digo yo que habrá uno que sí que sea el más refrescante, pero no: todos lo son. Si los monjes de Silos sacaran un disco en julio, también.

Son grandes clásicos previsibles de la publicidad, como las tetas en los anuncios de Fa, eso no falla nunca.

Se ve a la rubia del Caribe —que es teñida, porque en un país tropical no es de recibo ese rubio eléctrico—, la ves a lo lejos, se tira de cabeza al agua, la ves bucear, la ves chapotear, y siempre dices: «Este año no se va a ver nada». Pero no, al final sale del agua en plan salvaje… y ahí están. A esa chica la cambian, ¿verdad? Porque yo creo que la primera chica de Fa debe de tener ya por las rodillas a esos dos clásicos de la publicidad.

Otra publicidad que no falla nunca es la de las autoescuelas. Imaginad en vuestra mente el cartel de «Autoescuela». ¿Ya? Vale, pues muy mal se tienen que poner las cosas para que, en ese cartel, la «o» de «autoescuela» no sea un volante. Y si no, la ele es una ele verde de prácticas. Al contrario que la chica de Fa, las autoescuelas no se renuevan. No hay más que abrir un código de la circulación: ¡ese Seat Panda es de mediados de los ochenta! Pone el pie de foto: «En autovía no se puede pasar de 120». ¡Coño! ¡El coche tampoco da para más!

Otra publicidad previsible está en el cartel de las ópticas, oculistas y ópticos. Muy mal se tiene que poner todo para que a esas oes no les caigan unas gafitas. No hace falta ponerse gafas para ver venir la publicidad de una óptica.

Tampoco falla la publicidad de las tiendas de montañismo. Es difícil encontrar una en donde alguna eme de «montañismo» no sea unas montañitas. Pero hay gente que no lo hace… ¿qué les pasa? ¿Son tan poco creativos que ni siquiera se les ha ocurrido, o tienen un mínimo de creatividad y dicen: «No, yo no voy a poner una arroba en la "a" de "informática", que eso ya lo hace todo el mundo»?

Los charcos

Los espejos del cielo

Los charcos son unos de los seres más pisoteados de la Historia.

Desde que somos pequeños, nuestra obsesión principal es meternos en los charcos. Y, por supuesto, la obsesión de nuestras madres es que no nos metamos. La frase es: «¿Qué te he dicho de meterte en los charcos?». Y por el tono te imaginas que lo que te ha dicho será que no te metas. Es impresionante, las madres siempre llevando la contraria de lo que dicen los hijos… No aprenden nunca. Pero bueno, ya crecerán…

Sabemos muy poco sobre charcos, porque para conocer una cosa hay que meterse en ella. Un museo, la casa de un amigo… Incluso lo dice la Biblia: «La Virgen no *conocía* varón».

Yo me pregunto si la Virgen le dejaba pisar los charcos al Niño Jesús. ¿Os imagináis? Jesús caminando sobre las aguas, y la Virgen detrás: «¿Qué te he dicho de meterte en los charcos?».

Normalmente, las madres dicen: «Si te vas a meter en los charcos, ponte katiuskas». Menos las madres de Venecia, que dicen: «Si te vas a meter en los charcos, ponte flotador».

La katiuska se inventó para poder meternos en los charcos. ¿Habéis visto la huella que dejaron los americanos en la Luna? Pues eso es una huella de katiuska. Yo creo que se las llevaron por si había charcos... Como tenían a las madres lejos, no podían decirles nada. El hombre, con tal de meterse en un charco, es capaz de ir a la Luna o a Marte para ver si hay agua.

Me he dado cuenta de que la katiuska sirve de poco. Le pones al pie un armazón de plástico con forma de bota para que no entre ni una gota de agua. Pero dentro, el pie transpira, suda... y crea su propio charco. Luego, las carnes se reblandecen, la katiuska se come el calcetín y pasa lo que pasa: te pelas la espinilla y se te ve el hueso. Llegas a casa dolorido, con el hueso al aire, los pies empapados en sudor, y oyes a tu madre: «¿Qué te he dicho de meterte en los charcos?».

Hay varios tipos de charco. Está el charco normal, el de toda la vida. Éste se divide en varios tipos según profundidad y extensión.

La extensión de un charco es una de las cosas más difíciles de calcular del mundo. Un charco siempre es, aproximadamente, tres veces más grande de lo que parece. Tú lo ves y, si no lo quieres pisar, dices: «No es tan grande, lo salto». Entonces, coges un poco de carrerilla y cuando estás en el aire te das cuenta de que no, cambias de opinión... pero ya estás en el aire. Y no puedes volver atrás. Metes un pie, luego el otro... y acabas cruzando el charco como el lagarto del National Geographic.

Luego está el charco normal, pero profundo. Que está oscuro, no se ve el fondo, y es como si estuviera disfrazado de charco normal. Entonces, lo intentas cruzar en plan lagarto del National Geographic, pero en cuanto metes el primer pie te vas para el fondo. Notas cómo el agua se mete por el empeine del zapato, por los agujeros de los cordones... ¡Y da un mal rollo...!

Pero nadie retrocede. En los charcos hay una ley: «Una vez que te metes, hay que seguir siempre adelante». Aunque luego tengan que entrar a rescatarte en canoa.

Cuando uno sale de un charco, hace la valoración de daños. Es curioso que la gente suele descojonarse de risa: «Ja, ja, ja, casi me ahogo». Y luego andan y el pie les va sonando: «Chuic, chuic, chuic», pero van la mar de felices.

El charco profundo tiene una variante muy peligrosa, que es el charco profundo con barro. Mala mezcla. Peor que Baileys con Coca-Cola. Porque se hace una especie de plasta en el fondo y cuando apoyas el zapato, el barro hace «efecto chupona», y se queda con él, y si no tienes cuidado, el siguiente paso lo das descalzo. Aquí el balance de daños no es tan gracioso, porque el zapato queda lleno de barro, y ya no es tan simpático como el «chuic, chuic» de antes.

Otro charco terrible es el «charco baldosa trampa». Está escondido debajo de una baldosa, y cuando pasas, ¡chuif!, te salpica hacia arriba. Es un charco cabrón, porque te salpica poco, pero donde más duele, en plan chorrito del bidé. De hecho, si eres mujer o escocés con falda, hay que tener mucho cuidado con el charco baldosa trampa, porque te hace unas abluciones allí mismo.

Los charcos más terribles son unos que no pisamos. Me refiero a los que salen dentro de casa. Cuando hay un charco debajo de la lavadora, o debajo de la nevera, te cagas. Pero con el que te quieres morir es con el que sale debajo del coche. Ese charco es terrible, sabes que el arreglo va a ser caro. La gente prefiere tener un charco debajo de la camilla del quirófano a tener un charco debajo del coche. Lo ves, te agachas, metes los dedos, lo hueles, lo pones en la puntita de la lengua, y si sabe a pis de mono, dices: «Ufff, es pis de mono, menos mal que no es gasolina».

Los charcos son como las mascotas, es una pena tenerlos en casa: están mejor al aire libre. Además, los charcos tienen una vida muy corta, porque son de piel fina y sensible, y el sol les sienta fatal.

Cuando volváis a ver un charco, miradlo a los ojos. Dejaos hipnotizar por su belleza… pero mucho cuidado que no pase un coche y os empape.

VI
cosas de
la mesa ...

Los manteles

Cuando las mesas se engalanan para vernos comer

En los manteles se apoya toda nuestra gastronomía. Los manteles dicen mucho de los restaurantes. La *Guía Michelin*, en lugar de decir los tenedores que tiene un restaurante, debería poner una foto del mantel. Por ejemplo: «Restaurante El Lechoncillo Jovial: mantel de tela con las servilletas a juego metidas en las copas haciendo formas de cucurucho y de cola de pavo real...». Ése es caro, tienen a un especialista en papiroflexia para doblar las servilletas y eso hay que pagarlo.

Otro ejemplo: «Taberna-mesón Coyote: mantel de papel que sale de un rollo gigante...». Ése es más barato. Allí un menú de dos platos, bebida, café, pan y postre, diez euros. Tienen ese mantel de papel poroso, con agujeritos, hecho de piel de pelota de golf.

Y luego están los sitios en los que ni siquiera tienen mantel de papel, y comes encima de un folio. Es una especie de papel de revista con las ofertas. A mí me tienen que pagar para que coma allí.

Hay una regla: cuanto menos mantel, más barato es el restaurante. Eso se cumple siempre, excepto en los restaurantes chinos. Allí tienes hule, contra hule, un mantel rojo, otro blanco y servilletas a juego con forma de pavo real, y comen quince personas por tres euros.

Los manteles dicen mucho de las personas, y lo que dicen es que somos raros. Yo veía a mi mamá sacudir el mantel en el cubo de la basura y nunca lo entendí, es inútil, se sale todo por fuera. Es como intentar llenar un vaso de agua en una boca de incendios.

Los manteles dicen que vamos a peor. Antes, un mantel era para proteger una mesa buena. Ahora, un mantel es para ocultar una mesa cutre.

Pero los manteles dicen de nosotros una cosa más triste: que la gente es egoísta. Porque doblar un mantel es como disfrazarse de caballo en carnaval: sólo queda bien si colaboran dos personas. Yo me acuerdo de que lo doblaba con mi mamá. Ella cogía las esquinas por un lado, yo las cogía por el otro. Ella sacudía y a mí se me caía... que me daba un sentimiento de culpa: «Jo, para una cosa en que puedo ayudar a mamá... No sirvo ni para doblar un mantel...».

Cada vez hay menos manteles: se están extinguiendo. Han nacido los mantelitos individuales, y para doblar un mantel individual, las madres de ahora no necesitan ayuda. Cada vez hay menos manteles en las casas. De hecho, yo nunca he comprado un mantel. ¿Cuándo dice uno: «¡Huy, tengo que ir a comprar un mantel!»? ¿Cómo se compra eso? ¿Hay tallas? Uno llega a una mantelería y le dice a la dependienta:

—Querría un mantel para una mesa camilla.

—¿De qué talla?

—Pues más o menos como usted.

Los manteles sufren malos tratos. Como el mantel de cafetería, que es un mantel muy sintético. Ha tenido una vida muy dura y se le ve. Está marcado, herido, con quemazos de cigarrillo y un cristal encima. Yo siempre me pregunto cómo habrán atravesado los cigarrillos el cristal.

Los manteles sufren el olvido. Un día en Tudela hacen el más grande bocadillo del mundo. Llaman al Guinness, le hacen fotos, y nadie se da cuenta de que debajo del bocadillo más grande del mundo... ¡también está el mantel más grande del mundo! ¡Y nadie repara en él!

Ahora que lo pienso, esos manteles tan grandes, como el del anuncio de Fairy, ¿cómo se lavan? Eso no cabe en una lavadora. ¿Son de usar y tirar? Alguien debería ocuparse de todas esas telas que, por ser tan grandes, nunca las han lavado. Por ejemplo, la bandera española que hay en la plaza de Colón de Madrid. Ésa no ha ido nunca a la lavadora.

O en el carnaval de China, que hay un dragón chino gigante de colores en cada barrio. Eso no lo han echado a una lavadora jamás. Allí dentro se meten cincuenta chinos a bailar, y a dar saltos, y a sudar, durante días. ¡Eso no ha ido a la lavadora en dos mil años de tradición! A este paso, en unos pocos años más, el dragón va a empezar a moverse solo.

un[a] vida muy dura [illegible] se le ve [illegible] desde [illegible] con [illegible] de [illegible] y [illegible]. Así, por ejemplo, [illegible] la [illegible] como [illegible] el [illegible] [illegible].

[illegible] es [illegible] el [illegible] más grande [illegible] del mundo [illegible] al [illegible] y nadie se [illegible] de que [illegible] más [illegible] del mundo [illegible] el [illegible] más grande del mundo, y [illegible].

Ahora que lo pienso, son [illegible] tan [illegible]. ¿Qué [illegible] de [illegible], como se [illegible]? [illegible] en [illegible] de [illegible] y [illegible] todas esas [illegible] que [illegible] tan [illegible]. Por ejemplo, la [illegible] de [illegible] en la [illegible] de [illegible] a la [illegible].

Y [illegible] de China que hoy [illegible] en cada [illegible] a [illegible], y [illegible] y [illegible]. [illegible] dos [illegible] años [illegible].

Los cereales

La mejor manera de empezar el día,
porque, después de eso,
sólo cabe ir mejorando

El hecho de que uno se levante no implica que esté despierto. De lo contrario, no existirían los zombis.

Cuando nos levantamos, estamos atontados. Bueno, menos Pocholo, que se levanta eufórico. Es como Obélix, parece que de pequeño se cayó en la marmita de la pócima. No entremos en qué tipo de pócima había en la marmita…

El caso es que, aunque estemos de pie, todavía no estamos despiertos, y por eso se han inventado los cereales.

Una caja. Un bol. Y leche.

Por muy dormido que estés, eso te lo puedes preparar. Imaginaos que nada más levantarse, con las legañas todavía pegadas, de eso que sólo puedes abrir un ojo, hubiera que ponerse a pelar gambas.

Es posible que fuese más sencillo, porque pelar gambas es un trabajo mecánico, pero echarse los cereales es una tarea harto intelectual. No es nada fácil encontrar el equilibrio leche-cereal. Echas los cereales en el bol, echas un poco de leche, no es suficiente, otro poco, no es suficiente… Bueno, no lo sabes, porque la leche se mete entre los cereales y es imposible saber cuánta hay… Vas echando, vas echando... Pero, de repente, los cereales empiezan a flotar, y eso quiere decir que ya te has pasado.

Ahora empieza una cuenta atrás por comer los cereales todavía crujientes, porque si te entretienes, se van poniendo blandos. Y lo peor es que son superdifíciles de capturar con la cuchara. Empiezas a perseguirlos por el bol, ellos se escapan, ¡parece que saben que te los quieres comer! Al final, el truco es arrinconarlos contra la pared, y subirlos poco a poco, como arrastrándolos. El problema es cuando se acaba la pared, ¡porque el cereal se queda en equilibrio en el filo del bol! Ahí hay dos opciones: o usar la mano, o lavarte los dientes y olvidarte del cereal.

El cereal puede analizarse en cuanto a sus relaciones con el ser humano, que es lo que he desarrollado hasta aquí, y en cuanto a su forma de ser, morfología e idiosincrasia, que es lo que desarrollaré a partir de ahora.

Los cereales se componen de dos partes: cereal y caja. Y se distinguen en que la caja es un poco menos comestible. Mucho cuidado con los dos, porque se aprovechan de que estamos dormidos para darnos gato por liebre.

Para empezar, realmente, ¿qué son esos cereales? No son maíz, ni trigo... No, van dopados. Son «trigo inflado y azucarado», «arroz tostado e inflado», «copos de trigo azucarado»... A lo mejor el pobre Pocholo sólo se ha tomado unos Frostis... Aunque si fueron Frostis, yo apostaría a que ese tigre ya no tiene rayas.

Cada cereal va unido a una mascota. Los Smacks los anuncia una rana, los Pops una abeja... Ranas, monos, abejas, gallos... ¿No son unos animales bastante asquerosos para anunciar comida? ¿Qué será lo siguiente? ¿Ratas almizcleras, topos, lombrices...?

¿Y el aspecto? Los Chocapic son como… Cuando tenía 9 años me fui un mes entero a un campamento de verano. Treinta días. No me duché ni uno. Bueno, pues cuando llegué a casa mi madre me cortó las uñas de los pies y eran igualitas a los Chocapic. Y están los All-Bran, que son como comerse un nido de pájaro, con sabor a masticar lápices.

Los más fascinantes de todos son los Kellogg's Extra, «receta elaborada en 1876: cereales dorados al horno». Son el Cadillac de los cereales. En la caja sale dibujado un viejecillo tipo Severo Ochoa junto a un milenario pergamino que reza: «¿Sabías que el secreto de Kellogg's Extra con chocolate y avena proviene de una antigua receta hecha de cereales, y que esa misma receta introducida rápidamente en el horno y dorada muy despacio puede llegar a transformarse en deliciosos copos de avena? ¿Complicado? Entonces deja que Kellogg's elabore para ti esta receta original cuyo secreto fue descubierto por el señor Kellogg hace más de un siglo».

Muy bien.

Leamos los ingredientes: «Copos de avena, aceite vegetal hidrogenado, jarabe de azúcar invertido, riboflamina B12…». Me gustaría ver al viejecillo del dibujo hidrogenando el aceite vegetal en su laboratorio-horno de 1876, y buscando la riboflamina B12 por los campos de avena…

Esos cereales son un motivo más que suficiente para que nos levantemos en armas y bombardeemos al señor Kellogg. El problema de levantarse en armas ya sabéis cuál es: que aunque uno se levante, eso no quiere decir que esté despierto.

—¿El aspecto? Los Chocapic son como [illegible]. Cuando tenía 9 años me fui durante entero a un campamento de verano. Treinta días. Nunca [illegible] una [illegible], pues cuando llegué a casa mi madre me compró las [illegible] que tanto me gustaban: los Chocapic. Y esto [illegible] que son [illegible] comerse [illegible] de paladar, [illegible].

Los más fascinantes de todos son los Kellogg's [illegible] elaborada en 1876 [illegible] cereales dorados [illegible] con el [illegible] de los cereales. En la caja [illegible] un viejecillo tipo Severo Ochoa junto a un [illegible] pergamino que reza: «¿Sabías que el secreto de Kellogg's [illegible] y que esa misma receta [illegible] rápidamente en el [illegible] muy [illegible] llegar a [illegible] deliciosos [illegible]». Entonces dice que Kellogg's elabora para esta receta original cuyo secreto fue descubierto por el Dr. Kellogg hace más de un siglo».

Ah, bien.

[illegible] ingredientes. Copos de avena [illegible] tostado [illegible] de avena [illegible]

—Me gustaría ver al viejecillo del dibujo [illegible] en su laboratorio [illegible] de [illegible] por los campos de [illegible].

Los cereales son [illegible] que [illegible] que nos [illegible] en [illegible] bombardeamos [illegible] Kellogg's. El problema [illegible] en [illegible] que [illegible] se levanta [illegible] que [illegible] desayuno.

Los palillos

Los reyes del hurgue (Hurguer Kings)

Existen unos pequeños seres que están en boca de mucha gente: los palillos o mondadientes. Son una de las pocas cosas que sería mejor que no se hubieran inventado. La gente hurgándose los dientes, practicando el medievo con sus encías... Un Dios Padre que nos ha hecho a su imagen y semejanza no puede estar a favor de eso.

¿Os imagináis a Jesús en la Última Cena hurgándose los dientes con un palillo? A ver si tenía huevos Judas de acercarse a darle el beso. Imagináoslo:

—Tomad y comed todos de él... y aquí tenéis un palillo *pa'* luego.

¿Sabéis lo que más rabia me da de la gente que usa palillo? Que se tapan como diciendo: «¿A que no sabes lo que estoy haciendo?». Y es peor porque, aunque no lo veas, sabes lo que está pasando. Es como en esas pelis que no te enseñan el monstruo, pero justo por eso son mucho más terroríficas: porque sabes que está ahí.

Además, el palillo es malo, porque te separa los dientes, luego sonríes y parece que tienes la lengua metida en una jaula. Yo conozco gente a la que, entre diente y diente, le puedes aparcar un Volvo de una sola maniobra. Y ellos lo saben, porque en lugar de seda dental tienen que usar una bufanda. Vamos a ver: si tienes ese problema, come cosas que no sean de mucho masticar. Pídete yogures, helados, sopas, papillas, cosas de chupar, caramelos... Pero ellos no, ellos dicen: «Hoy me apetece una tapita de jamón serrano baratito y de postre, mazorca». La mazorca no hay palillo que la saque de los dientes. Ni plano, ni redondo, ni torneado... nada. Ahí hay que entrar con cirugía.

Existen muchas clases de palillos. Está el palillo plano. Ese humilde palillo paleta, que viene en una caja de mil. En la caja pone: «Mil palillos», y te lo tienes que creer. «Palillos chinos» pone, y en la caja sale un chino dibujado. Me imagino que el chino será el que los cuenta, así se le han quedado los ojos.

Me parece un peligro, porque los chinos nunca se han caracterizado por saber contar. Vais tres amigos a un restaurante chino, que se ve que sois tres, no se da pie a ningún tipo de duda, y lo primero que te pregunta el chino es: «¿Cuántos son?». ¿Y tú te vas a poner a contar mil palillos?

Pero eso no es lo que más me intriga del humilde palillo plano. Leed bien la caja: «Higiénicamente testados». Eso quiere decir que el chino prueba los palillos uno por uno a ver si están limpios. «Limpio, al palillero; limpio, al palillero...».

Luego está el palillo redondo, de más lujo. Lo hay en sobrecito individual, más higiénico... Por lo menos, más que lo del chino.

Pero el palillo lujoso lujoso es el mondadientes torneado. ¡Qué acabados! Son una obra de artesanía. Lo único que no me gusta es el nombre: «mondadientes».

Es demasiado explícito. Es como si la escobilla del váter se llamase «rascazurraspas».

Los palillos suelen vivir en palilleros. Pero, claro, dependiendo de la posición social de los palillos, los palilleros pueden ser de dos tipos. El humilde palillo plano vive en el palillero normal, el palillero barrilete, que parece un cubilete del parchís. Están tan apretados que intentas coger uno y salen todos, se caen al suelo, se llenan de arenilla y de cositas de suelo de bar, y cuando los vuelves a meter en el palillero, no caben. Eso es una guarrada, ya lo sé. En la caja de los palillos tenía que venir el número de teléfono del chino para que venga cuando pasa eso y los pruebe otra vez para ver si están limpios.

Los palillos redondos, como son más de lujo, viven en palilleros con capota, una cápsula espacial de plástico transparente que tiene un agujero por el que hay que sacar el palillo, que es dificilísimo. No sé cómo un señor que no tiene dientes para masticar una croqueta es capaz de superar una prueba de habilidad como ésa.

La gente utiliza los palillos para cosas para las que no están diseñados, por ejemplo, para pinchar la tortilla. No tiene razón de ser, porque se desmenuza, es un ataque hacia la integridad de la tortilla.

Tampoco están diseñados para que, al envolver unos pasteles, eviten que el papel los chafe. Eso no ha funcionado jamás por dos motivos: o bien el palillo se clava en el pastel, o bien atraviesa el papel.

Tampoco deberían usarse para hacer catedrales de Burgos. Es entretenido, pero a la larga, duran más las catedrales de piedra. Y este capítulo también está durando bastante.

Las bolsitas

Pequeños continentes por descubrir

Pocas cosas dicen tanto de una persona como una bolsita de ketchup. Esos sobrecitos que vienen con el McMenú nos desnudan ante nuestros semejantes. Muestran la precariedad económica en la que se encuentra una persona. Ya puedes tener en el garaje un caballo de carreras y una piscina, que si en la nevera tienes bolsitas de ketchup del McDonald's… las cosas no te van bien.

Pasa mucho con los estudiantes. Tú abres la nevera de un piso de estudiantes y puede haber veinte o treinta bolsitas de ketchup. Comida a la que echarle el ketchup no hay, pero ketchup, todo el que quieras.

Lo más parecido a comida puede ser un limón seco que está ahí desde que se fabricó la nevera… o una bandeja vacía de porexpán. Vamos, que si quieren comer caliente, lo único que tienen es la bombilla de la nevera.

¿Por qué les gusta a los estudiantes atesorar las bolsitas de ketchup? Porque cuando el hambre aprieta, abres una bolsita de ésas, se la echas a cualquier cosa y te la puedes comer. Hasta la bandeja de porexpán.

Es un peligro. Y no por el porexpán, que siempre está fresco y crujiente. El problema es que las bolsitas de ketchup y mostaza… ¡caducan!

Id a ver las vuestras: seguro que tenéis de abril de 2003, de junio de 2002, de enero de 2001, que fue muy buen año... Yo tengo en mi casa una bolsita de ketchup que caducó hace tres años. ¿Os imagináis que me la comiera? Dirían:

—Se envenenó porque se comió una bandeja de porexpán.

¡Mentira! La gente le echaría la culpa al porexpán y eso no es justo. Él es inocente. El porexpán es petróleo frito y eso no le hace mal a nadie. Yo lo tengo muy claro, lo peligroso del petróleo no es comerlo, lo peligroso es vivir en un país que lo tenga debajo. Ahí sí que te la juegas.

Lo más peligroso de las bolsitas es su sistema de apertura. Lo inventó el mismo que inventó los «abrefácil» del tetrabrik. De hecho, utilizan el mismo sistema: dibujan una línea de puntos y se supone que, con eso, tus dedos ya son capaces de cortar el plástico o el cartón.

Al final, tienes que recurrir a los dientes. Hincas el diente, hasta ahí todo bien... pero la perforación de un diente no es homogénea... y, claro, el chorrito del ketchup sale disparado hacia donde el destino le dé a entender. Y como te caiga en la camisa... Bueno, la camisa es lo de menos, lo alucinante es la cara de tonto que se te queda. Te quedas mirando a la bolsita traicionera, cara al sol, con la camisa roja, sin entender nada y susurrándole:

—Tú también... Bruta, hija mía.

Este sistema lo han copiado los que fabrican champús y geles para los hoteles.

¿Quién fue el listo? Abrir esos sobrecitos de gel o champú, estando mojado, es imposible. Y abrir ketchup con el dentado, todavía, ¡pero es que el jabón lo hacen con veneno! Y como te toque la boca... ¡de cabeza al hospital! Que no deja de ser una paradoja: tragas jabón... y te hacen un lavado de estómago.

Y no hablaré de otras bolsitas más difíciles de abrir aún, y más peligrosas si te las llevas a la boca: las bolsitas con toallitas perfumadas, esas que tienen dibujado un limón como de los años sesenta...

Para mí que es una foto del limón de la nevera cuando era joven.

Esas toallitas sí que son imposibles de abrir. Vienen como plastificadas. Con lo sencillo que sería ponerles una cremallera. Aunque quizá eso no sea una buena idea, porque, entonces, al morir nos meterían en una bolsa con cremallera muy parecida. Nosotros creeríamos que somos toallitas perfumadas y no podríamos oler mal a gusto.

Si es que está todo pensado.

Las aceitunas

Gigantescos ojitos de langostino

Las aceitunas son unos de los seres más enigmáticos y sufridos del sistema solar. ¿Qué tipo de comida son? ¿Son una fruta, una verdura, una leguminosa, un aperitivo salado…?

Para ser una fruta, son demasiado pequeñas… Para ser verduras, son demasiado ricas… Y para ser un fruto seco, están bastante húmedas. Ésa es una de las principales características de las aceitunas: sudar. Las aceitunas brillan como los ombligos de los culturistas, o como la frente de los churreros.

El brillo de las aceitunas tiene un lado oscuro, porque las ves en su platito y te preguntas: «¿Por qué sudan, si no hacen nada?». ¿Por qué? Si a nosotros nos extirparan todo el esqueleto por el ano, también sudaríamos. Por eso ellas tienen el orificio tan grande. A nosotros nos quedaría el ano como la puerta de la lavadora. E imaginad que después nos meten por ahí un delfín. ¡Como para no sudar! Pues a las aceitunas les metemos anchoa, que es peor, porque es un pescado salado, con lo que pica.

Pero la gente no quiere ver el sufrimiento de la aceituna. Hay mucha ingenuidad: el otro día estaba yo hablando de aceitunas con el Papa, y me dice:

—No, no... si yo la génesis de las aceitunas la entiendo casi al 97 por ciento. Está muy claro cómo hacen las que tienen anchoas o pimiento, porque los meten por el agujero... Lo que no entiendo es cómo hacen para meterles el hueso a las que son con hueso.

Eso es no tener ni idea del pueblo aceituno, señor Papa.

Hay un vacío periodístico: nunca se publican noticias sobre aceitunas. ¿Alguna vez habéis visto una aceituna en primera plana de un periódico? No. ¿Por qué? Porque hay boicot. En la literatura, igual. En los libros de protocolo y buenas maneras se ha ninguneado a la aceituna de manera atroz. Y, luego, uno se va a cenar con los duques de Medina-Sidonia y la Casa de Alba, te ponen aceitunas de primero, y nadie sabe qué hay que hacer. Al principio no te das cuenta, te llevas una aceituna a la boca, y cuando topas con el hueso dices: «¿Y ahora qué hago? No voy a escupirlo, un hueso de aceituna chupado es una cosa muy fea».

Entonces se te pasa por la cabeza una idea muy inteligente: «Voy a chuparlo hasta que se disuelva». Pero, claro, los huesos no se disuelven, si no, no tendríamos paladar, encías ni dientes. ¡Y es una tensión! Si te metes otra aceituna hay que tener cuidado con lo que tragas. Y todos hacemos lo mismo, vamos almacenando huesecillos en la encía, debajo de la lengua, para poder hablar. Hay quien cree que lo que tiene la duquesa de Alba en los papos son huesos de aceituna. Es tanto estrés que yo creo que lo mejor sería echarlos al suelo. Así, al pisarlos, te masajean las plantas de los pies y se relaja la tensión del momento.

Las cualidades terapéuticas de las aceitunas darían para llenar varios libros. No hay más que mirar la esterilla que tienen los asientos de los taxistas. Esa redecilla relajante está hecha de huesos de aceitunas. Aunque, si nos paramos a analizar lo relajados que están los taxistas, es evidente que el invento no funciona.

Pero, claro, hay tanto oscurantismo literario y periodístico que nadie sabe nada. ¡Nada! Y por eso el mundo de las aceitunas está tan lleno de dudas. Por ejemplo: ¿los que venden aceite para coches tuneados se llaman «aceituneros»?

Eso nunca lo sabremos.

El café

Combustible para personas

Existe un líquido negro y espeso en el que se apoya el funcionamiento de la sociedad tal y como la entendemos hoy: el café.

El café es la gasolina de las personas. Y al igual que hay varios tipos de gasolina —súper, normal, sin plomo—, hay varios tipos de cafés.

El equivalente al queroseno de los aviones es el carajillo. El carajillo es como la pócima de Astérix: eso levanta hasta las rayas de los pasos de peatones. La gente no lo sabe, pero el carajillo es el único material imprescindible en la construcción. Ni el cemento, ni el hormigón, ni el PVC: el carajillo. Que hace que un señor de 45 kilos pueda levantar sobre sus espaldas diez veces su peso. El Monasterio de El Escorial tardó décadas en construirse porque en aquella época no había carajillos; si no, en dos patadas ya estaba...

Otro tipo de café es el cortado, que equivale a la gasolina sin plomo y luego a la gasolina con plomo. Explicación: es el café de las relaciones, imprescindible para la perpetuación de la raza humana. Un día conoces a una chica. Hay química... Lo primero es quedar para tomar un café. Una cosa es un lío de una noche, pero cuando se habla de ir a tomar un café es porque puede haber algo más... Al menos, una de las dos partes piensa eso.

La gente se enamora. Pasa el tiempo. Se toman más cafés con esa persona, y a la relación le pasa lo mismo que al café: se enfría. Los primeros sorbitos están calentitos, y es delicioso, pero en cuanto se enfría, ya no hay quien se lo tome. Y llega el día en que uno de los dos dice:

—Tenemos que hablar. ¿Quedamos para tomar un café?

Yo recomiendo que, en este punto, se corte la relación del modo más radical posible. A veces duele porque es una persona a la que quieres. Pero si no, es peor. Si acabáis como amigos... preparaos los dos. Porque cada paso que deis en la vida lo vais a celebrar con un café: «¡He encontrado trabajo! ¿Quedamos para tomar un café y te lo cuento?». Y el café os acompaña en lo bueno y en lo malo. «¡Me han echado del curro! ¿Quedamos para tomar un café y te lo cuento?». «¡Tengo insomnio! ¿Quedamos para tomar un café y te lo cuento?». «¡El médico me ha prohibido el café! ¿Quedamos para tomar un café y te lo cuento?».

Luego está el descafeinado, que es como echarle gasolina a una bicicleta. Hay una cosa que me escama del Nescafé: los tremendos premios que te dan por tomarte un café. ¡Un sueldo para toda la vida! Eso no puede ser. ¿Alguien conoce a alguien que le haya tocado el sueldo Nescafé? Y no vale la chica morenita con pelo corto y jersey de cuello vuelto, que ésa es la del anuncio.

O lo del «sobre de oro». Se supone que abres el sobre de Nescafé y el sobre es dorado por dentro. ¿Alguien conoce a alguien que le haya tocado «el sobre de oro»? Es imposible. Digo yo que esos sobres los fabricarán en algún sitio, ¿no?

Habrá un señor encargado de pintar los sobres, luego otro señor que se encargue de mezclarlos con los otros sobres, luego otro señor que los va metiendo en las cajas... Vale. Ese sobre no sale de la fábrica.

Hay otro café que es el café «me bajo a la máquina a por un café, ¿alguien quiere?». Equivale directamente al alquitrán. Es horrible, sabe a veneno caducado. Pero eso no es lo peor, lo peor es la cucharilla. ¿Por qué llaman cucharilla a eso? Es como una pieza del mecano. Parece que se le ha caído un trozo a la máquina. No sabes si revolverte el café con ella o llamar al servicio técnico.

Ese café no es café. El café tiene que salir de una máquina de metal grande, ruda, sucia... ¡Es que es un surtidor de gasolina para personas!

Las máquinas de las cafeterías se caracterizan por dos cosas: funcionan a golpes, como las cabinas, «¡plac, plac, plac!». Las pobres máquinas de café reciben unas palizas que yo creo que no son necesarias. El camarero lo hace para hacerse el hombre, claro, como la pobre máquina no se puede mover...

Y la segunda característica de las máquinas de café es que siempre están acatarradas, como si tuvieran una flema y no la pudieran echar: «¡Jjjpjpjpjjjppp!». Esa tos no es normal, y nadie hace nada para impedirlo. Yo una vez le eché a una máquina de ésas un pectolín y el camarero me miró mal.

Deberíamos tratar a las máquinas de café con un poco más de cariño. A ellas les debemos la sociedad tal y como la entendemos hoy, y que los días empiecen, y que nos enamoremos, y todo.

Las barras de los bares

Y los seres mitológicos que habitan en ellas

Unos de los lugares más místicos que se pueden encontrar sobre la faz de la Tierra son las barras de los bares. Están pobladas por seres mágicos y enigmáticos, como ese vaso de tubo con líquido verde que tiene dentro la espátula de la cerveza. ¡Oh! ¡Qué enigmático ser! ¿Qué es ese líquido? Hay quien dice que es kriptonita, y que por eso Supermán nunca toma cerveza. Bueno, es una teoría, yo creo que es zumo de musgo, o sudor de pulpo, y como son bebidas que ya casi no pide nadie, las usan para limpiar la espátula.

Hay quien dice que es Fairy, pero ese argumento no tiene ningún sentido, porque a una cosa que engorda tanto como la cerveza no se le puede pasar el milagro antigrasa por encima, que la estropeas.

Otro ser mágico que mora en las barras de los bares es el servilletero. El servilletero es un ser dadivoso y de generosidad infinita… El problema es que esas servilletas no sirven para nada: ¡son impermeables! ¡Cómo te vas a limpiar con eso! Es como si al salir de la ducha, en lugar de ponerte un albornoz, te pusieras un chubasquero. No tienen capacidad de absorción.

Otro ser mítico que habita las barras de los bares son los palilleros. Pobrecillos, todos los camareros están obsesionados con meter dentro del palillero el doble de palillos de los que caben. A lo mejor se creen que el palillero va a dar de sí. Hay locales en los que tienen los palillos en un vaso, que dices tú: «¡Qué lujo!». O en una copa. «¡Uh, qué dispendio!». A mí me da un poco de miedo. A ver si luego me pido una caña y me la sirven en un palillero.

Los palilleros son ancianos. ¿Os habéis fijado en que los palilleros siempre están viejos? ¿Por qué no hay palilleros modernos? No existen. Un bar que acaba de abrir ya tiene los palilleros viejos. Es como el expositor de las tapas. Por nuevo que sea el bar, la vitrina de las tapas es como la del bar de *Cuéntame*.

Sólo hay dos modelos de vitrina, con raja en el cristal y sin raja en el cristal. No me parece serio que, cuando se raja el cristal, el dueño del bar ponga un celo y siga como si nada. Además, ese cristal, ¿de qué protege a los alimentos? ¿Qué pinta tendrían esos alimentos si un cristal no los protegiera? Esas croquetas sudorosas, ese montadito de cecina que parece ropa usada... ¡A eso no le hace falta el cristal! ¡Si las moscas no se atreven a acercarse!

Id a un bar a observar a todos estos seres. Acercaos, apoyad la carita en la barra, veréis a los ancianos palilleros, a los dadivosos servilleteros, y al más quimérico de todos: el «palilletero», que es un ser mitológico con cabeza de palillero y cuerpo de servilletero. U otro enigmatiquísimo e incomprensible ser mitológico que también vive en la barra y que tiene cabeza de bayeta y cuerpo de bayeta: la bayeta. Las bayetas de barra de bar ya no pueden más, las pobres. Un día se van a equivocar y van a hacer un montadito de cecina con la bayeta... y nadie va a notar la diferencia. Yo creo que si le pasas esa bayeta a las ruedas de un coche, luego no se sale en las curvas.

Otro ser mitológico es el «cinzanicero»: el cenicero de Cinzano. ¡Que está vacío! Los ceniceros de las barras de los bares están impecables. ¿Por que? Porque está todo en el suelo. Si la barra del bar es el Olimpo, llena de seres mitológicos, el suelo es el infierno: el Hades. Es... es un asco, un depósito de cadáveres de gambas, esqueletos de aceitunas, servilletas usadas, colillas... Y es bastante profundo y esponjoso. Hay bares en los que cubre hasta los tobillos. Por eso los taburetes de la barra tienen reposapiés, porque hay gente que ha llegado a perder un zapato y calzarse luego la cabeza de una gamba.

En ese triste infierno penan envoltorios de azucarillos, corchos, patatas fritas, palillos... Menos mal que luego suben otra vez a la barra. Porque está todo rebozado con serrín, de manera tal que al barrer se hacen croquetas, las fríen y ¡otra vez al expositor!

barera la lavera. Las navetas de barro de barro no pue-
den más de pobre. La orilla se va a equivocar y van a ha-
cer un monumento de cocina con la bayeta... y nadie va a
notar la diferencia. Yo creo que este país está lleno de
ruedas de un coche, luego no sé si de en las ruinas.

Otro acontecimiento es el «Supermercado»: el cementerio de Cáceres. ¡Qué extravagancia! Los cementerios de las afueras de los bares están impecables. ¿Por qué? Porque esta todo en el suelo. Si la parte de bar es el Olimpo, digna de los autobuses, el suelo es el inframundo: el Hades. Es un asco, un depósito general de restos de gambas, esqueletos de sardinas, servilletas usadas, colillas... Y es fantástico, profundo y esponjoso. Hay bares en los que el suelo llega hasta los tobillos. Por eso los camareros de la barra tienen que ser altos, porque hay gente que ha llegado a perder un zapato y a realizarse hasta la cabeza de una gamba.

Un escaneo a fondo permite encontrarse con restos de azucarillos, cacahuetes, patatas fritas, palillos... Menos mal que luego se saben otra vez a la barra. Porque está todo reconocido con serrín, de manera tal que al barrer se hacen como montañas, lo dicen y otra vez al expreso.

La bollería industrial

Tócala otra vez, Sam, pero lávate las manos antes

Hay cosas que trascienden. ¿Os acordáis de un clásico del cine de humor que era *La Pantera Rosa*? Se hicieron tres o cuatro películas... pero aquello no perduró. Luego sacaron una serie de dibujos maravillosa... y ya la quitaron.

Lo único perdurable de la Pantera Rosa, lo único que nos queda, ¿sabéis qué es? ¡Los pastelitos de la Pantera Rosa!

El pastelito de fresa está ahí año tras año. Haga frío o haga calor. Al pastelito le da igual el clima, porque ese bollo está sintetizado cien por cien en laboratorio. Lo notas en cuanto lo sacas del plástico: ese color no existe en la naturaleza. Sólo hay una cosa en la naturaleza con ese color: la piel de Pablo Motos cuando toma el sol, pero no tenéis por qué saberlo.

Y la gente va por ahí diciendo que el pastelito es de fresa... Ya. Mirad el envoltorio. ¿Dónde dice que sea de fresa? Si lo dijese, a los fabricantes se les caería el pelo. Lo que pone, textualmente, es: «Pastelito de Pantera Rosa». ¡Como si eso fuera un sabor!

No se puede hablar de la Pantera Rosa sin mentar a su primo hermano: el Tigretón. Son los dos bollos mayoritarios; si fuesen partidos políticos, serían el PP y el PSOE. Por eso nunca os encontraréis envasado en un pack un Tigretón con una Pantera Rosa, porque uno de los dos sería un tránsfuga, y se armaría una crisis, una comisión de investigación, etcétera.

Y luego está el Bony, que sería Izquierda Unida: todos sabemos que está ahí... No acaba de convencer a las masas, pero se mantiene porque sabe pactar. «Pactar» quiere decir que la fábrica coge un Tigretón, un Bony, los envuelve juntos, y hace un pack. De ahí la etimología de «pactar», hacer un «pack».

A veces el pack incluye un pastelito de Bart Simpson, o el bollo de la serie de moda. Los hubo de *Marco*, de *Tarzán*, de *Shin-Chan*... Intentan emular el éxito de la Pantera Rosa, pero no lo consiguen por un sutil detalle: saben a tierra. Y la Tierra está bien como planeta, pero como sabor, no vende. Lo que tendrían que hacer es una serie de dibujos sobre Tigretón.

Todos estos pastelitos son muy distintos, pero tienen una cosa en común: el cromo en un sobrecito blanco. El sobre viene manchado de grasa, se ve a través del papelillo y casi puedes ver qué cromo te ha tocado. Y como el sobre tiene trozos de chocolate, lo acabas chupando y ves perfectamente lo que hay dentro.

Antes venían pegatinas de la Liga, o de la serie *V*. Incluso hubo tiempos en que traían un muñequito de plástico que venía clavado en el pastelito, como fosilizado, y te apetecía decir: «¡Tú! ¡Sal de ahí, desgraciado, que te estás comiendo mi merienda!».

Pero los tiempos han cambiado. Ahora viene un cromo que, posiblemente, tiene el texto que menos apetece leer del mundo. Es un sorteo. Hay que mandar un SMS, y se nota que lo han escrito para que no lo mande nadie.

Otra cosa común de estos bollos es que se descascarillan. Sobre todo, los Donettes. Se cae una escamilla de chocolate que en ese momento no mancha. Pero en cuanto tratas de quitarla para limpiarla... Entonces, se derrite, se mete en la ropa y eso no lo quita ni Dios ni los demás detergentes.

Hay que reconocer que los donuts no se descascarillan. Pero hacen una cosa peor: a partir de medianoche, se vuelven de piedra. Son armas arrojadizas. Se han dado casos de personas que han entrado en estadios de fútbol con donuts, sin levantar sospechas, y han matado al árbitro. El donut del día anterior debería venderse sólo con licencia.

Y mientras los donuts se hacen de piedra, los Bollycaos se hacen de goma. Un Bollycao de ayer vale para que la Policía cargue contra los manifestantes. Y si lo masticáis bien, podéis hacer globos.

La bollería.

Digan lo que digan, es uno de los pilares nutricionales del primer mundo.

Yo no sé si son sanos o no, pero está demostrado científicamente que comerse un bollo de éstos al día durante cien años... alarga la vida considerablemente.

El fiambre

Carne picada dentro de fina tripa:
eso no puede ser malo

Mucha gente piensa que el fiambre viene de los egipcios, y de eso, nada. El fiambre viene de las charcuterías. Hay que tener mucho cuidado porque las charcuterías son sitios desconcertantes donde la gente juega al despiste. Si estás en la cola, con todo el mundo esperando, de repente llega una señora, y suelta:

—¿Quién es el último?

—Pues usted, señora, que acaba de llegar.

Aparece haciéndose la loca, como si viniera Ibarretxe y dijese: «¡Huy! ¿Quién ha redactado este plan?».

En la charcutería manda el charcutero. Cada vez que veo los cuchillos que usan esos señores me parece increíble que tengan todos los dedos. La clave está en que si se cortan, no les pasa nada, pues los dedos de charcutero no son como los dedos de los demás mortales: son dedos de piel muy gruesa, como la de las focas. Si se hicieran abrigos de piel de dedo de charcutero, podríamos pasar un invierno en Siberia sin enterarnos.

Los charcuteros siempre son buenas personas: es su principal característica. Y menos mal, porque imaginaos que esos cuchillos los tuviera un desalmado. Son buenas personas y tienen caras amables, como los que cantaban

Macarena: Los del Río. Yo muchas veces lo pienso: Los del Río no son charcuteros porque no quieren.

Los *dealers* de fiambre son buenas personas por varias razones. Para empezar, siempre quieren lo mejor para ti.

—Quiero jamón York.

—Te pongo del de oferta.

La frase «te pongo del de oferta» lo dice todo del corazón del charcutero. Y si le dices:

—Ponme ciento cincuenta gramos.

—Huy, pasa un poco... Kilo y medio, te lo dejo, ¿no?

Porque el charcutero es un cielo, quiere que estemos bien alimentados. Aunque tengo mis dudas sobre la frasecita. Imaginaos que los cirujanos hicieran lo mismo. Vas a que te quiten el apéndice y te dicen: «Huy, me pasé un poco y te he puesto tetas, te las dejo, ¿no?».

En su afán por agradar, los charcuteros se ponen un gorro para que no se les caiga el pelo. ¿Por qué? Si luego nos comemos con total impunidad los pelos que tienen la panceta y el tocino...

Hay una cosa en la charcutería que a mí me enternece: todo gran charcutero lleva al lado a otro pequeño charcutero igualito a él, sólo que más joven: su hijo. Como el bebé koala que se agarra a la mamá koala, como la botella grande de champú que lleva otra pequeñita de oferta adherida. Tiene que ser maravilloso ser ese padre que mira a su hijo y piensa: «¡Aaah, recuerdo cuando yo era joven y vigoroso...!». El chaval lo lleva peor, ve a su padre y piensa: «A los cuarenta y cinco me voy a quedar calvo. Y me va a salir pelo por la nariz».

Otra cosa fascinante de las charcuterías es el papel que tienen para envolver: es como papel de regalo. Te dan el fiambre de pavo tan bien envuelto que, si quieres, lo puedes poner en el árbol de Navidad. Sólo le falta la pegatina de «Espero que te guste». Ese papel tiene un lado barnizado en el que puedes echar todo el líquido que quieras y no traspasa. A veces pienso que los bebés, en lugar de llevar pañales, podían llevar el culo envuelto en papel de charcutería.

Luego están los fiambres envasados al vacío, que están metidos en un sobre de plástico superceñido, muy prietos. Esos fiambres se tienen que sentir como cuando de pequeño tu madre te arropa en la cama y te aprieta tanto las sábanas que te deja sin aire.

—¡Mamá, que no puedo respirar!

—Es para que conserves todo el aroma, hijo.

Pero yo quiero que el Gobierno asuma su responsabilidad en esto de los embutidos, porque hay muchas dudas. Sus orígenes, por ejemplo. ¿Cómo se inventó la morcilla? Me cuesta creer que alguien dijera un día: «Vamos a coger la sangre de un cerdo, la vamos a mezclar con arroz, la vamos a envolver en tripas, y vamos a esperar a que se pudra... que seguro que está buenísimo».

¿Y qué es el borde gelatinoso del jamón de York? ¿Qué parte del cerdo es esa gelatina amarilla? Un cerdo amarillo no existe, como no lo hagan con Picachus... Y una duda existencial: ¿el queso en lonchas está considerado fiambre?

Sin embargo, donde el Gobierno debería tomar cartas es en el tema del plastiquito del chorizo. ¿Qué costará quitarle el plastiquillo a las lonchas de chorizo?

¡Es que te arruina un bocadillo! Deberían quitarlo por decreto ley.

El ministro, además, debería hacer un homenaje al fiambre de los fiambres: la mortadela. ¡Eso sí que es un fiambre, rosado, como debe ser! Miras a los ojos a una loncha de mortadela y te fías de ella. Nada que sea de ese color puede ser malo. Aunque una duda me tiene sin dormir desde que vi mi primera loncha allá por el 79: ¿cómo le meten las aceitunas? Nadie lo sabe.

Pasan los años y el Gobierno, antes de tocar el tema de los fiambres, prefiere lavarse las manos. (Que por otro lado, es lo deseable). Siempre se queda todo en agua de borrajas. ¿Por qué pasa esto? Porque si el Gobierno tocara el tema de los chorizos estaría haciendo «metapolítica» y ellos no están para eso.

VII
Cosas de
las cosas...

Cosas olvidadas que no llegaron a imponerse

Un fracaso a tiempo es un triunfo

Hay muchas cosas que han caído en el olvido. ¿Sabéis cuáles?

¿No?

Claro, porque han caído en el olvido.

Son esas cosas que intentaron imponerse, fracasaron y ahora ya no las recuerda nadie, como, por ejemplo, la Cherry Coke. ¿Por qué la hicieron si ya se veía que aquello no iba a triunfar? Es como la Coca-Cola de percebe: no hace falta hacerla para saber que no va a tener éxito.

Pero alguien dijo: «¡Gran idea! ¡Vamos a coger todas esas cerezas que sobran del roscón de reyes y las mezclamos con la Coca-Cola!».

Y no coló.

Tampoco coló Quiero Televisión. Y mira que se lo curraron con unos muñecos color naranja que estaban a todas horas gritando «¡Quiero TV! ¡Quiero, quiero!». ¿Qué habrá sido de esos muñecos? Creo que se han recolocado y son los Lunnis.

Fracasó la tirita que se pone en la nariz para que respire la selección española de fútbol. Por un instante parecía que iba a cuajar… La idea era hacer una tirita que se ponía en la nariz, la abre, y así entra más aire…

Pero no coló.

Claro, eso pasa por inventar cosas sin que nadie las pida. Nadie había dicho: «Uf, no me llegan los agujeros de la nariz para coger aire. A ver si inventan algo pronto». Si necesitas más aire, lo coges por la boca, no hay nadie tan vago. Ni siquiera en la selección española.

Las tiritas estaban abocadas al fracaso, también aquellas que inventaron para quitar los puntos negros... y que no quitaban nada, porque el punto negro no se quita así como así. Al punto negro se le ataca con dos dedos, se pellizca con las uñas... y tampoco lo quitas, pero dejas unas marcas que parecen paréntesis y eso quiere decir que no cuenta.

No consiguieron colocarnos a Supergirl, que era la versión femenina de Supermán. ¿Por qué? Porque si tú eres una chica en apuros y te salva Supermán, es estupendo. Pero un tío nunca permitiría que le salvara una tía. Aunque estés con la casa en llamas, si entra Supergirl, le dirías: «Todo bien, estoy prendiendo fuego a la casa porque hacía un poco de frío. Oye, ¿qué haces después?».

Tampoco encuentra su hueco el «día sin coches». La idea es buena: demostrar por un día lo felices que viviríamos sin atascos, cosa que, la verdad, te gustaría conocer. Y lo anuncian: «Mañana, día sin coches», «mañana, día sin coches...». Pero, claro, llega el día, y todo el mundo dice lo mismo: «Voy a coger el coche para ver cómo es Madrid sin atascos...». Y te decepciona, porque es igual que con coches.

No lograron imponerse, gracias a Dios, aquellos monos parlantes que estaban dentro de una jaula o caja de plástico en las puertas de algunos establecimientos, y que si les metías veinte duros te daban una bola de plástico con un juguete dentro. Pasabas a su lado y te decían: «¡Soy un mono sinvergüenza!». Parece increíble, pero no se impusieron.

La lista de cosas que no se impusieron es infinita. El Galloper, la Fanta de sabores, Hernández-Mancha, el patinete plegable de aluminio... Son cosas que no colaron, pero, afortunadamente, han caído en el olvido.

Más triste si cabe es la historia de las cosas que conocen las mieles del éxito, pero caen en el olvido al día siguiente. Por ejemplo, los tamagotchis. Estuvieron en lo más alto. Todo niño viviente estaba pendiente de lo que comía el tamagotchi, de lo que meaba, de lo que cagaba. ¿Dónde están ahora todos esos tamagotchis? Pues que sepáis que cada uno tiene una pila de mercurio que contamina lo que no está en los escritos.

Flor de un día fueron las pegatinas de los muñecos Toi, aquellos seres verdes que decían «Toi triste», «Toi mosqueao»... También estuvieron en lo más alto, y eso que su éxito no tenía razón de ser alguna. «Toi alegre», «toi borracho», «no toi»... Faltaba uno que pusiera: «Toi hasta los huevos de los tois».

De la misma ganadería son los chinitos de la suerte. Te los vendían los hippies por la calle. Se te acercaba uno, descalzo, con un montón de chinitos de la suerte, y te decía:

—Chinitos de la suerte, chinitos de la suerte...

—Señor hippie, usted los necesita más que nadie.

Tuvo su auge y caída el muñeco de Elvis que movía la cadera, y que se colgaba en el retrovisor. Por un momento se pensó que los coches traerían el Elvis de serie. ¿Dónde están ahora todos esos Elvis? ¿Y los Tois, Supergirl, la Fanta de sabores…? No lo sé, pero como yo siga escribiendo monólogos como éste, muy pronto me encontraré con todos ellos.

Cosas maravillosas que no sabemos valorar

Derogación de las leyes de Murphy

Estoy perdiendo la fe en la raza humana.

Esto es un desastre.

Pienso que ya no hay nada que hacer con los seres humanos: son todos unos pesimistas.

Han escrito la Ley de Murphy, que dice que todo lo que puede salir mal, saldrá mal.

Vale, puede ser.

Pero ¿por qué nadie habla de las cosas que siempre salen bien? En la vida hay un montón de cosas maravillosas que están muy bien y que nadie las valora. Por ejemplo, nadie se ha parado a pensar en lo maravilloso que es que las palomas no tengan brazos. Imaginaos lo contrario: sería terrible. Estarías en una terracita tomando un aperitivo y la paloma te tiraría de la pernera del pantalón: «¡Eh!, ¿me echas algo?». Sería un horror. A mí me dan a elegir entre la paz en el mundo o que las palomas sigan sin tener brazos, y yo prefiero lo de las palomas. Sé que la paz mundial es tentadora, pero la bandera de la paz sería una paloma blanca con los brazos como Mister Proper.

Otra cosa que nadie valora: las sirenas, preciosos seres mitológicos con mujer bellísima de cintura para arriba y cola de pez de cintura para abajo. La gente debería saber que habrá un sitio en el que hacen las sirenas con las piezas que nos sobran a nosotros. Sirenas con piernas de preciosa supermodelo, pero que de cintura para arriba son trucha de río. ¡A ver quién besa en los labios a una sirena de ésas!

La gente tampoco valora que la ley de la gravedad sea gratis. No quiero dar ideas, pero podrían poner un impuesto. ¿Os imagináis? Los pobres estarían por las nubes. En lugar de darles limosna, habría que tirársela al aire. Y, de repente, veríamos a uno cayendo en picado:

—¿Y ése?

—Nada, que le ha tocado la lotería.

Otra cosa maravillosa es que los pistachos tengan ese color verde tan raro. Es una suerte, porque si no fuera así, ¿cómo llamaríamos a todas las cosas que son verde pistacho? ¿Verde moco? ¿Verde almizcle de ratona? Ni se sabe. «Ayer me compré un jersey verde pus». No tiene el mismo glamour. Las mujeres pijas aún no han agradecido a Dios que haya hecho el pistacho de ese color tan raro. Deberían hacer peregrinaciones al Cristo de los Pistachos.

Otra cosa que no ponderamos es que los bebés tengan solamente dientes de leche. Se les cae un diente, les sale otro, y ya está. Pero imaginaos que tuviéramos también ojos de leche, y que a los niños pequeños se les cayeran y luego les salieran otros. Sería horrible, tendría que haber un Ratón Pérez de ojos que sería... yo qué sé, el Escarabajo Pelotero Rodríguez. Los niños les dejarían los ojos de leche debajo de la almohada, y el Escarabajo Pelotero Rodríguez vendría y les dejaría cinco duros, o una pelota de ping-pong para tapar el hueco.

Y eso la gente no lo valora.

Hay que redactar las Antileyes de Murphy, y se referirían a esas cosas maravillosas que siempre hacen ilusión, como cuando empieza el invierno y hay que volver a sacar los abrigos y te encuentras dinero en los bolsillos. Eso pasa tantas veces como lo de que la tostada caiga por el lado de la mantequilla.

O cuando te despiertas sin que suene el despertador: lo miras y aún te queda una hora más. O cuando llegan las guías telefónicas, que te las llevan a casa y te hace mucha ilusión. Luego no las usas nunca, pero ese día te hace mucha ilusión.

O cuando estás de vacaciones en Londres, o en Italia, o donde sea, y oyes hablar español. Pasa siempre y siempre hace ilusión, te da sensación de complicidad, de que, si os lo proponéis, podéis invadir el país.

O cuando abres el Cola-Cao y tiene esa tapa de papel Albal por encima que hay que rasgar con un cuchillo.

O cuando llega la primavera y las chicas están guapísimas, y toda la ropa que llevan cabe dentro de una caja de puros.

¡Redactemos las Antileyes de Murphy!

¡No pueden salir mal!

Cosas de los kleenex

Ningún actor interpretaría un papel así

Cuando lloramos, cuando estamos acatarrados, cuando nos caga una paloma encima... ¿quién está ahí para consolarnos?

Los kleenex.

La gran duda es: ¿de dónde se sacan los kleenex? De las chicas. Las chicas siempre tienen kleenex. Los hombres nos casamos con las chicas porque siempre tienen kleenex, nosotros nunca. Preguntadle a un tío si tiene kleenex, y veréis. Es como preguntarle si lleva bragas: lo más probable es que os responda que no.

Las mujeres siempre tienen un kleenex, pero, dependiendo de su edad, lo llevan en un sitio o en otro. Antes de casarse, lo llevan en el bolso... para lo que sea. Cuando son madres, en la manga del jersey. Y cuando son abuelas, no me preguntéis por qué, lo llevan en el escote. Y absolutamente todas las mujeres del mundo llevan una bola de kleenex usados en el bolsillo de la bata.

Es el gen que tienen las madres de no tirar nada. Una madre no entiende el término «usar y tirar». Creen que todo se puede reutilizar. «Estos huesos del pollo no se tiran, que me sirven para hacer sopa». «Estos trozos de jamón me sirven a mí para hacer croquetas». Las madres hacen croquetas con todo: «Estos filetes que han sobrado de la comida… croquetas para la cena». Mi madre hace croquetas hasta con los bordes de la pizza.

Yo he analizado ese kleenex que tienen las madres en el bolsillo de la bata y tiene una especie de migas… está como rebozado. Las madres no lo dicen, pero están pensando: «Este kleenex me sirve a mí para hacer croquetas».

Los kleenex son ateos, aunque estén muy relacionados con la iconografía religiosa. Tú estornudas, abres, miras y es la santa faz. Por eso siempre hay alguien que dice: «¡Jesús!».

Los kleenex no son perfectos, como mucha gente cree. Están bien para drenar un llanto, o para una cagadilla de gaviota, o para una gripe de moco duro. Cuando estamos con gripe en la cama, los kleenex usados están alrededor como si fueran una bandada de palomas. Verdes, pero palomas.

Pero los kleenex no hacen nada contra el catarrillo tonto de primavera. Ese catarro que no es de moco consistente, sino de continuo goteo. Ese que, como no tienes fiebre, te deja hacer vida normal pero con la nariz goteando como grifo de gasolinera. Ahí no puedes sacar un kleenex cada vez que se asoma la gotita. Hay dos opciones: o ir mirando al cielo para que se vayan llenando las fosas nasales como dos cuencos, y cuando ya no puedas más, los echas todos de golpe… o inventar el Tampax Nasal. Hay que inventarlo de una vez por todas: unos pequeños tampones que se llevan en los orificios nasales y que te mantienen limpio y seco hasta en los días de más moco. El problema es que iríamos con dos cordelillos blancos saliendo de las narices como si fueran dos bigotillos desnutridos.

Otro defecto que tienen los kleenex es que no se puede escribir en ellos, pero la gente no lo quiere reconocer. Si intentas escribir con un boli, es imposible, porque es como escribir en la espalda de un turista alemán, se clava, se engancha y se despelleja. Y si intentas escribir con un rotulador, es peor, porque el kleenex se convierte en Drácula y le chupa toda la sangre al rotulador, se lo bebe entero y deja un borrón horrible. No descarto la opción de que los kleenex obedezcan a un plan malvado que ha urdido Pelikan para vender más tinta y más rotuladores. Escribir con un lápiz es peor aún, porque resbala. Escribir con un lápiz encima de un kleenex es más difícil que escribir sobre un ojo.

Muchas veces me paro a pensar en los kleenex, y me pregunto qué pensarán ellos de nosotros. Nos ven siempre llorando, acatarrados, moqueando, cagados por las palomas... Dirán: «¿Y éstos son los famosos seres humanos, obra cumbre de la Creación y hechos a imagen y semejanza de Dios? ¡Pues vaya timo! ¡Si no saben ni escribir!».

Y por eso los kleenex no creen en Dios.

Cosas sobre los sobres

Preposiciones para dar y tomar

Hablemos sobre sobres.

Son como el papel de regalo, o como un vestido de noche... Por muy bonitos que sean, no son más que un obstáculo antes de llegar a lo que de verdad nos interesa. Hay muchos tipos de sobres, y se pueden englobar en cuatro clases.

a) Primera clase: los que no te apetece recibir. Por ejemplo, las cartas de Telefónica, que siempre dan mal rollo. Es azulito, ves tu nombre a través de una ventanita, lo tocas, ves que está gordito, y dices: «Me van a dañar el esfínter». Los sobres de ventanita jamás traen una buena noticia. Jamás. Son facturas, el recibo de la luz, el del agua, multas... Siempre malas noticias. ¿Conocéis el programa de Antena 3 que se llamaba *Hay una carta para ti*? Yo preguntaría: «Bueno, pero ¿tiene ventanita?». Si tiene ventanita no lo abro. Si yo trabajara en Antena 3 y recibiera una carta de ésas, con los recortes que están haciendo, estaría acojonado. Al fin y al cabo, una carta de Antena 3 es una carta de Telefónica.

Otra carta que no apetece recibir son las notas. Yo me acuerdo, cuando estaba en el colegio, que llegaba a casa y me decían:

—¿Hoy no te daban las notas? ¿Qué tal?

—Bien… traigo un sobre.

—Ay, ¿sí? ¡Qué alegría! ¿En qué?

—En la mano. Dentro del sobre, todo suspensos.

b) Segunda clase: los sobres que sí apetece recibir. Por ejemplo, cualquiera que tenga algo escrito a mano. Estamos en una época tan tecnificada que si te llega una carta con tu nombre escrito a mano, te empieza a latir el corazón a toda velocidad. ¿De quién será…? Aunque sea una carta de secuestro. «¡Ay! ¡Qué ilusión, cariño! Han secuestrado al niño. Si no pagamos el rescate nos lo irán mandando en trocitos». Te hace tanta ilusión que no lo pagas para que te sigan mandando cartas escritas a mano. Nos gusta tanto recibir un sobre con nuestro nombre escrito a mano que, cuando nos hacemos mayores, los Reyes ya no nos traen regalos. Nos traen sobres con nuestro nombre escrito a mano.

Las cartas que realmente te apetece recibir son de amor.

Contaré una historia real, no es muy graciosa, pero es bonita. Tengo un amigo que trabajaba en Correos, un chaval que, por cierto, dibuja muy bien. Muchas veces tenía que llevar sobres a la cárcel, y había cartas que eran de amor. Se veía porque, en el sobre, la chica remitente había dibujado unos corazoncitos, o su nombre y el del recluso dentro de un corazón grande dibujado torpemente. Y él, como dibujaba muy bien, lo que hacía era perfeccionar el dibujo. Les ponía sombras, o relieves, o dibujaba un cupido. Dejó de hacerlo cuando le dije que, a lo mejor, aquello estaba en clave: «Tres corazones: me fugo a las tres. Un cupido: degollo al alcaide...».

c) Tercera clase: los sobres que parece que apetece recibir pero que en realidad... no. Miras el buzón y hay un sobre que dice: «¡Enhorabuena! Ha sido usted seleccionado para ganar grandes premios superpoderosos». Dices: «¡Qué suerte!». Pero luego ves todos los buzones iguales, y piensas: «¡Joder! ¡Somos el edificio más afortunado de toda la ciudad! Deberíamos hacer una primitiva juntos».

d) Cuarta clase de sobres: los que parece que no apetece recibir, pero luego sí que apetece. Me refiero a los sobres grandes con una radiografía. En teoría no molan porque se supone que te has roto algo. Pero vas con ellos por la calle, o en el Metro, y vas fardando. En plan: «He tenido un percance, me he fracturado partes del cuerpo... pero he sobrevivido».

Sea cual sea el tipo de sobre que tienes que abrir, todos se abren perfectamente, excepto los sobres de las ceremonias de premios. El pobre presentador se hace unos líos...

—Y el ganador es... ¡huy!, que no se abre el sobre... ¡Huy! ¿Por dónde se abre esto?

¡Coño, que pongan un sobre de Frenadol, que se sacude y se abre en un segundo! Nadie coge un Frenadol y dice: «¡Huy!, ¿por dónde se abre esto?».

Y ahora, un tema para la reflexión: cuando llega la Navidad, siempre hay algún niño que manda su carta a los Reyes. Y, claro, Correos se colapsa, esto me lo contó mi amigo el cartero de la cárcel. Es un fenómeno recibido con ternura: ven las cartas a Melchor, Gaspar y Baltasar, se enternecen… y las tiran. Vale. Pero ¿habéis pensado que puede haber un tío en Oriente que se llame Melchor, o Gaspar, o Baltasar, y que ese tío en Navidad no recibe ni una sola carta? ¡Y si son cartas de ventanita, mejor para él, pero se pierde todas las que vayan a mano!

Cosas de los clips y las grapas

Sujeciones sujetas a todo tipo de vejaciones

Los clips son fruto del pecado. Los clips se roban. Nadie ha comprado jamás una caja de clips, o se la ha pedido a los Reyes Magos, o la ha puesto en la lista de boda: nadie.

En este país, la única manera de adquirir una caja de clips es robándola en el trabajo. Y, además, la robas apasionado, porque robar una caja de clips no es como robar un boli Bic, o una goma: no, es un paso más. Llegas a casa encantado con los clips: «Dios, ¡cómo van a cambiar las cosas en mi casa!». Da la sensación de que va a haber un antes y un después de la caja de clips: «¡Anda que no voy a hacer cosas yo ni nada con la caja de clips! ¡Vaya que si voy a hacer cosas! ¡Qué bien! ¡Ya no tendré que doblar la esquina cuando quiera juntar cuatro papelillos!». Y luego no haces nada. Sólo los utilizas para hacer una cadena. Primero, una pulsera, y si estás muy aburrido, un collar.

Empezamos robando una cajita en la oficina y acabamos con un collar y una muñequera de clips. Es como si nos fuéramos convirtiendo en punkis gradualmente. Sólo nos falta hacernos un piercing con la grapadora. Pero una grapadora son palabras mayores. Robar una grapadora en la oficina… eso ya es de ministro.

No tratamos con cariño a los clips, y eso que son herramientas multiusos. Lo mismo retiran cerumen de una oreja que desatascan un bolígrafo, o sirven para que MacGyver haga una ganzúa y pueda rescatar a la hija del cónsul de las garras de unos narcotraficantes colombianos.

Los clips sirven para casi todo. Sólo hay una cosa para la que no sirven... para sujetar los papeles. Y la gente se cree que sí, hacen un montoncito de papeles y le ponen un clip. Hasta ahí, vale. Pero como juntes ese montoncito con otros que también vayan con clip, aquello es un sin dios. Unos papeles se pasan al montón de otro clip, los clips se enganchan, se engarzan, y aquello acaba más liado que un cajón lleno de perchas.

En realidad hay dos tipos de clips. Están los normales, que van desnuditos, y los que llevan un abriguito de plástico de colores «fosfi», que es como si fueran a esquiar. No hay nada más morboso en este mundo que desnudar a un clip de éstos. El erotismo de desnudar a un clip es una de las cosas más sublimes. Yo prefiero desnudar a un clip antes que a una top model. El clip, al menos, tiene curvas.

Sólo hay un placer comparable a desnudar un clip: coger una barrita de grapas y partirla. Las grapas son terribles, sobre todo las de la tintorería. Llevas la ropa allí para que mejoren su aspecto, ¡y te la grapan! Vamos a ver, si en mi casa mancho la ropa, me riñen, ¡pero si la grapo, me cortan en rodajas!

Lo más indignante de las grapas no es la grapa en sí, es el «quitagrapas». ¿De quién ha sido esa idea de Satanás? ¿Qué diferencia hay entre quitar una grapa con un «quitagrapas» o con cualquier otra cosa? Un cuchillo, un bolígrafo, una lata de berberechos… ¡Si hasta un clip te sirve para quitar una grapa! ¿Y cuántos folios coge una grapa? ¿Cuánto aforo tiene? ¿Hay tallas? Hay que llamar al señor Petrus y preguntarle todo esto.

Ahora las grapas están de moda porque las usan los médicos: «Le hemos puesto unas grapas en el esternón, venga en dos semanas y se las quitaremos». ¡Pues como me las tengan que quitar con el «quitagrapas», prefiero que en el esternón me pongan un clip!

Cosas de las pegatinas

Sigamos su ejemplo… a ver si se nos pega algo

Las pegatinas son básicas para la vida.

Ya en la guardería, nos ponen unas pegatinas redondas gigantes de colores para que se vea dónde están las puertas de cristal y los niños no se choquen. Tampoco sirven de mucho, la primera vez que vi una, dije: «¡Un balón!», y me tiré en plancha para rematar de cabeza.

Te das un castañazo y… ¿cómo te curan? Con otra pegatina: la tirita.

A mí el tema de las tiritas me indigna. Son para pequeños daños, como una heridita, un cortecito en un dedo… y le ponen el sistema de «despegaje» más complicado que se les ha podido ocurrir: hay que sacarla del sobrecito, quitarle el papelillo… Eso ya es chungo con unos dedos sanos, ¡imaginaos con un corte en el dedo! La tirita se arruga, se repega sobre sí misma, se hace un gurruño… Y como tengas en casa tiritas de las de tela, estás perdido. Me refiero a las que son como un rollo de tirita gigante, que tienes que cortar un trozo a la medida de la herida… ¡pero son durísimas! Casi las tienes que cortar con unas tijeras de podar. Y, claro, ya puestos, te sale más rentable coger las tijeras de podar, hacerte el corte más grande, y utilizar la tirita gigante entera.

Lo que más me irrita es la caja de las tiritas. Tiene una foto del niño rancio que sale en los anuncios de Kinder Sorpresa, con un corte en el dedo, y descojonándose de risa. Para mí que ese chaval es sadomasoquista.

Si nuestras tiritas son color carne, ¿cómo son las tiritas de otras razas? Está claro que los chinos se ponen un *post-it* y ya está. ¿Y los hombres de raza negra? ¿Se ponen parches de bici? A lo mejor son más partidarios de la tirita de tela: cogen el nuevo salva-slip negro y cortan unos trocitos...

Pero esto no es un monográfico de tiritas, así que volvamos al tema.

Pasada la guardería, llega la infancia: una etapa en la que tu único objetivo en la vida es conseguir pegatinas. Vas por la vida con otros ojos. Las tiendas, las personas, los partidos políticos... todo se divide en «Dan pegatinas» o «No dan pegatinas».

No hay partido político que no dé pegatinas. Por eso, cuando somos pequeños, nos parecen todos iguales. Sin embargo, cuando crecemos, nos damos cuenta de que... efectivamente, son todos iguales.

Si quieres que los niños compren algo, sólo tienes que meterle una pegatina dentro. Phoskitos, chicles Cheiw (que no sé qué habrá sido de ellos), Bollycaos... todo.

Y cuanto más feas, mejor. Si no, ¿cómo se explica lo de los Tois? ¿Os acordáis? ¿Cómo olvidarlos? Un ser verde, apoyado en una caja, serio, dice: «Toi serio». Uno contento: «Toi contento». Y si el dibujante no se lo quería currar tanto, ponía la caja sola con el texto: «No toi», y la gente, feliz. Con que sea pegatina...

Lo que ocurre es que a esa edad se cometen errores, y luego tienes que cargar con ellos toda tu vida. Un día se te ocurre pegar la pegatina de «No toi» en el armario de la habitación, y esa pegatina se queda ahí para siempre. Se convierte en la pegatina del armario de la habitación. Van pasando los años y esa pegatina se funde con el armario. Forma parte del armario. La pegatina de «No toi» *ta* ahí para los siglos de los siglos.

Es que una pegatina es para siempre. Un día te da el siroco y le pones a tu coche la pegatina del señor que enseña el culo... un clásico, nunca pasa de moda. Tiene mucha gracia los seis primeros años, pero llega un día en que tienes hijos, tus hijos se hacen mayores... y un hijo no puede respetar a un padre que tiene en el coche la pegatina del señor que enseña el culo.

Lo peor es que los hijos siempre llevan la contraria a los padres, y puede pasar que un hijo reaccionario de éstos, por llevarle la contraria al padre, empiece a salir con Ana Aznar. Imaginaos al pobre Alejandro Agag yendo a buscar a la hija del presidente, entrando en el Palacio de La Moncloa con un coche con la pegatina del hombrecillo que enseña el culo...

Las pegatinas en los coches nunca son buena idea. Los coches destartalados, por ejemplo, el Panda antiguo al que le ha dado mucho el sol de Benidorm y ya no es azul azul, es muy típico que lleven la pegatina que reza: «Mi otro coche es un Porsche». Tiene gracia, aunque más gracia tendría ver el Porsche de ese señor con la pegatina de «Mi otro coche es un Panda color azul orinal».

Cuando nos hacemos mayores, las pegatinas dan mal rollo. Te vienen los del Domund con la hucha y las pegatinas, y la gente escapa corriendo. Te compras una vajilla de treinta y seis piezas, y descubres que en cada una hay una pegatinita. Pero no de las que las quitas y ya está... No, son más bien del tipo pegatina del armario de la habitación, que cuesta un huevo sacarla.

O las de la sartén. Las sartenes tienen debajo una pegatina que es eterna. Yo tengo una sartén que se le rompió antes el mango que la pegatina de abajo. ¿No podrían hacer el mango del mismo material que la pegatina?

Uno empieza a hacerse viejo cuando deja de interesarse por las pegatinas. Cuando a mí me dio por buscarlas, entré en Pompas Fúnebres y pregunté si tenían pegatinas, pero no. Una pena, porque, cuando yo fine, en mi modesto ataúd de pino me gustaría llevar una pegatina que diga: «Mi otro ataúd es de roble».

Cosas de las carteras

Ese oscuro objeto del deseo… de los carteristas

Hablemos de una pieza imprescindible en la economía de este país: la cartera.

Las carteras son muy importantes para la economía. Si el dinero, en lugar de llevarlo ahí, nos lo llevara un perro en la boca, la economía se resentiría.

Lo importante de las carteras es que nos dicen de qué sexo es una persona. Gracias a las carteras ya no es necesario desnudar a una persona para saber si es hombre o mujer.

Basta con mirar si la cartera tiene para monedas. Las carteras de los hombres no tienen sitio para monedas. Es como si los hombres sólo comprásemos cosas carísimas, como automóviles, o motos de agua, o caballos de carreras.

Los hombres no necesitamos las monedas. Los abuelos, sí. Es como si al llegar a cierta edad, un hombre dejara de ser hombre y se convirtiera en un ser asexuado. Eso se ve también en lo de los besos. Cuando llegas a casa de tu novia, te presenta a su hermana y le das dos besos. Te presenta a su padre, y le das la mano. A su madre, dos besos. Y, de repente, aparece el abuelo… ¡y le das dos besos! A los abuelos se les retira el derecho a un viril apretón de manos.

Otra característica de las carteras es que el tamaño *sí* importa. Los hombres llevamos una cartera pequeñita, con dos tapitas... En cambio, la cartera de una mujer parece un Big Mac.

Parece que va a explotar. Y para que no exploten, les ponen un botón, o una cremallera, que la pobre va más tensa que el último botón de Pavarotti. ¿Por qué pasa esto? ¿Por qué las mujeres guardan absolutamente todo en la cartera?

Tiques del cajero, tiques de Zara... ¿Cuántos tiques de Zara se pueden llegar a atesorar en una cartera? Guardan hasta los tiques del supermercado... Debe de ser para cambiar las lentejas si no son de su talla.

Pues no. Después de mucho investigar, he llegado a la conclusión de que ellas tienen un don. Para una mujer, cualquier cosa es susceptible de ser convertida en un recuerdo.

Tú coges la cartera de una mujer y sacas una entrada de cine de hace seis meses... *Las normas de la Casa de la Sidra*.

—¿Y esto?

—Es que es un recuerdo.

—¿De qué?

—No me acuerdo, pero no lo tires.

Las normas de la Casa de la Sidra... Yo creo que se están acabando los títulos de las películas. *La mandolina del capitán Corelli*... Ya no quedan títulos. Antes hacías una peli de unos que daban un golpe y la llamabas *El golpe*. Una de seducción, y la llamabas *Seducción*... Ahora haces una de seducción y la tienes que llamar *El hombre que susurraba a los caballos*.

Al grano.

Las mujeres tratan a sus carteras como si fueran un armario empotrado. Meten fotos de carné de amigos, de familiares, un boli atravesado, botones...

Para los hombres, la cartera es como el cajón de la mesilla: como mucho, llevamos un condón. Lo terrible es que se transparenta. Se marca el circulito por fuera de la cartera. Parece un predictor que ha dado positivo.

Otra cosa que nos encanta llevar a los hombres en las carteras son las tarjetas de crédito. Cuantas más, mejor. La de El Corte Inglés, la de Travel Club, una llave de un hotel de las que tienen forma de tarjeta...

De hecho, cuando compras la cartera, viene llena de tarjetas de crédito de cartón falsas en las que pone «cancelada», y un DNI, y un carné de conducir. Que no lo entiendo, porque luego metes el carné de conducir verdadero y no cabe. No hay una sola cartera en la que al carné de conducir no se le doble un ladito.

Pero, en este caso, hay que darles la razón a las carteras. El tamaño del carné de conducir es un poco desproporcionado. Ese tríptico desplegable parece una postal de Navidad. El problema está en que dedican dos hojas a poner todo lo que no puedes conducir... que parece que lo hacen para ponerte los dientes largos: «Este señor no puede conducir camiones de cualquier peso máximo autorizado, ni vehículos articulados destinados a transporte de personas, cosas, o personas con cosas». ¡Que pongan: «Este señor puede conducir coches. Punto»! Eso, si quieres, te cabe en la parte de atrás del bonobús.

A pesar de todo esto, hay casos en los que es muy difícil saber si una persona es hombre o mujer por la cartera. Por ejemplo, en el caso del Rey. Porque lleva monedas, pero no porque sea mujer, sino porque ya es abuelo. Pero, claro, también lleva fotos de carné, porque detrás de las monedas aparece su cara. Habría que ver si lleva preservativo o no.

Y aunque haya sólo esta excepción, para evitar confusiones, es mucho mejor que, para saber el sexo de las personas, la gente vaya desnuda por la calle.

Raspones y arañazos en el coche

Estigmas de nuestro tiempo

¿Sabéis cuál es una de las partes más sensibles del ser humano?

El capó del coche.

Si cojo una llave y os rasco en el brazo, no pasa nada... Os lo hago en el coche, y lloraríais. Si ese inocuo rasguño blanquecino fruto de la sequedad de la piel estuviera sobre vuestro coche, tendríais que coger la baja por depresión.

Lo que le pasa a la chapa de tu coche duele más que si te lo hicieran en la piel. Eso les pasa hasta a los del *tunning*, que son de pelo corto y duro como un fox-terrier. Un tunero puede soportar un piercing en un párpado, pero roza el coche aparcando y vuelve a casa llorando.

Si os fijáis, todos los coches tienen algún tipo de rasponcillo, bollo, rozadura... Es inevitable. Pues cada rocecillo equivale a un señor triste. Cada raspón es una blasfemia gritada al viento. Los rocecillos hacen llorar al Niño Jesús.

Cuando uno compra un coche, cree que él va a ser la excepción: «Éste lo voy a cuidar mucho desde el primer día». Este tipo de frases jamás llevan a buen puerto. Es como cuando dices: «Este año voy a estudiarlo todo desde el primer día». Eso jamás ha funcionado. Y cuando te pasa, se te queda una cara de tonto... Es por cosas tontísimas... Aparcas preocupándote mucho por no rozar de un lado y... «¡ciiijjj!». ¿Quién ha puesto ahí ese bolardo? El bolardo es el melanoma de la chapa de los coches. Y son imprevisibles. E hipnóticos. Aparcas perfectamente entre dos bolardos: no pasa nada. Pero el bolardo te hipnotiza, dejas la marcha puesta, y al desaparcar... «¡cracha!». Y se te queda una cara de tonto...

Hay una cosa que es de expediente X: cuando estás aparcando y de repente, sin saber cómo, tienes una columna en medio de la puerta. Todavía no te toca, pero si le das hacia delante, te roza, y si le das hacia atrás, también. ¿Cómo se sale de ahí? Y lo más intrigante: ¿cómo se llega? Físicamente, no es posible.

Otra situación: maniobrando en un parking en el que no estás acostumbrado, como, por ejemplo, el de El Corte Inglés. Allí la zona de recoger el tique está completamente rozada por todas partes. Por eso en El Corte Inglés hay un taller de chapa y pintura. A lo largo del garaje hay raspones de todos los colores. Yo creo que los hace un pintor para que la gente vaya precavida.

Una de las principales causas de rocecillos es fiarse de otro al aparcar. Un tío anónimo se erige en capataz de la operación y se pone a dirigir la maniobra. El problema principal es que no hay un lenguaje universal del aparcamiento. Son tres palabras las que se utilizan, sólo tres, pero no está nada claro lo que quieren decir:

1. «Dale, dale, dale...».
2. «Dale, que libras...».
3. «Endereza».

—Endereza y dale, que libras de sobra.

—No, de sobra no libro, que si no, tú no estarías ahí manejando la operación.

El rocecillo siempre te pilla por sorpresa. De repente oyes: «¡Ciiijjj!». Y se te hiela la sangre. Paras el motor, sales del coche con los ojos llorosos, y te pones a calibrar el daño. Y hacemos una cosa muy absurda: intentamos arreglar el rocecillo frotándolo con el dedo. Nos creemos que somos como Jesucristo, o como E. T., que curamos las heridas con sólo tocarlas.

Es una reparación poco digna, porque cuando uno trata de arreglar el coche por su cuenta, nunca queda bien. Como esa gente que se les rompe el cristal y pone un cartón. Eso no es serio. O la matrícula pintada a boli en un cartón. O el que tiene un bollo en la puerta, va a un desguace a por otra puerta y... hombre... del mismo color, del mismo, del mismo, no es. Y van con un coche azul metalizado con la puerta azul orinal. Es el *patchwork* aplicado al automovilismo.

Hay quien ya tiene tantos golpes, que el coche está que se cae a trozos, y lo quieren vender. Te dan ganas de decirle al dueño:

—Oye, ¿sabes cómo hacer para duplicar el valor de tu coche?

—¿Cómo?

—Llenando el depósito de gasolina.

Para evitar los roces y raspones hay un producto en las teletiendas que se llama «Repara todo». Es una crema que, la echas en un trapo, lo pasas por la rozadura y la chapa del coche queda perfecta. No se sabe por qué, el tío del anuncio luego echa alcohol y le prende fuego al capó del coche como para mostrar lo resistente que es el reparador. Vamos a ver, si tu coche está en llamas, las rozaduras que tenga no son tu mayor problema, ¿no?

Otra solución es tener el coche tan sucio, tan sucio, que cuando rozas con algo, el roce no llegue a la chapa. El problema es que siempre aparece ese Robin Hood de la higiene, ese Curro Jiménez de la pulcritud que extiende su dedo y te pone: «Lávalo, guarro». ¿Guarro yo? ¿Pero tú te has mirado el dedo, chaval?

La mejor opción es tapizar los coches con tela (por fuera). En lugar de comprarte un Audi azul metalizado, te compras uno de pana marrón, o de tergal, que es igual de elegante. Lo rozas y no pasa nada, no hay que llevarlo al taller de chapa y pintura. Como mucho, darle unas puntaditas. Y se podría poner un bolsillo en la puerta, así no te tienen que poner la publicidad en el parabrisas, que es una molestia.

Los tuneros serían como modistas:

—Le voy a hacer los bajos a mi coche, le suelto el dobladillo y luego le hago unas calaveras de punto de cruz.

—Va a quedar divino.

Aunque, a lo mejor, los roces en los coches no son tan malos. Al fin y al cabo... el roce hace el cariño.

Imaginaos a los pobres Adán y Eva la primera vez que van al cuarto de baño, que no sabían nada, y al terminar se encuentran con el pastel...

–Eva, ¿me dejas tu hoja de parra?

–¿Para qué la quieres?

–No, es que... creo que se me está saliendo el barro de dentro.

Todo el mundo sabe que las mochilas se inventaron para que a los niños, al salir del colegio, no se los lleve el viento.

Como los niños pesan poco y tienen una imaginación eólica, o los lastras con Matemáticas y Física, o al salir del cole se vuelan, como María Sarmiento.

Dice el Génesis que Dios hizo el mundo en una semana «y el séptimo día descansó». Vale, descansó, pero... ¿qué hizo Dios ese domingo? Una cosa está clara: no fue a misa. Porque eso no sería descansar, eso sería pasarse a ver qué tal va el negocio. Los zapatos y los pies dicen mucho de la economía y la salud moral de este planeta. En este mundo sólo hay dos tipos de países: aquellos en los que hay más pies que zapatos y aquellos en los que hay más zapatos que pies.

«Un gran ser humano capaz de ilusionar a la gente de muchas maneras, siempre ingeniosas.»
FORGES

¿Por qué los niños pequeños se comen todo lo que encuentran por la calle y luego, cuando les das la papilla, no la quieren? ¿Por qué siempre que sale un tornado en una película se ve una vaca volando? ¿Por qué las chicas aplauden cuando se ríen? ¿Por qué nunca coinciden los ojos con los agujeros de las caretas? Éstas y muchas otras dudas existenciales son objeto de profundo análisis en este libro. Antes de comprarlo, haz la prueba del ciruelo. Ábrelo por cualquier página y léela entera. Repite la operación con otra página; si ésta también te gusta, grita tan fuerte como puedas: «¡Ciruelo!», y después cómpralo...

Ni siquiera los grandes visionarios fueron capaces de vislumbrar la era que estamos viviendo. Una humanidad dividida en dos grandes grupos: «los que pueden» y «los que no pueden». ¿Se refería a esto el bueno de Hamlet cuando pronunciaba su famoso «ser o no ser»? Sí, sólo que hablaba en una clave que se desvela en este libro. Porque usted y yo sabemos que el fin del mundo es llevar siete días sin ir al váter y que sólo una diarrea mental justifica que Julio Verne nos hablara del submarino en el siglo XIX. Cagar o no cagar; ésa es la cuestión que condiciona nuestra vida y nuestro futuro.

A muchas mujeres las han educado para actuar siempre de la manera «correcta»; sin embargo, ese esfuerzo no sólo no las hace felices, sino que incluso les impide alcanzar lo que desean. Pero en cada mujer existe una fuerza fundamental y poderosa que muchas veces preferimos ignorar. Se trata de la Cabrona Interior. Toda mujer lleva una «cabrona» dentro: conseguir que emerja para ayudarnos a vivir mejor, dejar de ser unas pringadas y lograr nuestros objetivos es sólo cuestión de que aprendamos a escucharla y seamos capaces de superar nuestros miedos.